电子商务营销推广技术工具实践

总主编 李桂鑫 张秋潮
主　编 林　宇
副主编 朱良辉
编　委 陈志钦 袁东升 林　颖
审　核 朱良辉
校　对 黄晓锋

版权专有　侵权必究

图书在版编目（CIP）数据

电子商务营销推广技术工具实践 / 林宇主编 . —北京：北京理工大学出版社，2019.2（2022.7重印）
　ISBN 978 – 7 – 5682 – 6224 – 8

　Ⅰ.①电… Ⅱ.①林… Ⅲ.①电子商务 – 网络营销 Ⅳ.①F713.365.2

中国版本图书馆 CIP 数据核字（2018）第 195303 号

出版发行 / 北京理工大学出版社有限责任公司
社　　址 / 北京市海淀区中关村南大街5号
邮　　编 / 100081
电　　话 / （010）68914775（总编室）
　　　　　（010）82562903（教材售后服务热线）
　　　　　（010）68944723（其他图书服务热线）
网　　址 / http：//www.bitpress.com.cn
经　　销 / 全国各地新华书店
印　　刷 / 廊坊市印艺阁数字科技有限公司
开　　本 / 787 毫米 × 1092 毫米　1/16
印　　张 / 11.25　　　　　　　　　　　　　　　　责任编辑 / 王俊洁
字　　数 / 264 千字　　　　　　　　　　　　　　　文案编辑 / 王俊洁
版　　次 / 2019 年 2 月第 1 版　2022 年 7 月第 3 次印刷　　责任校对 / 周瑞红
定　　价 / 35.00 元　　　　　　　　　　　　　　　责任印制 / 李　洋

图书出现印装质量问题，请拨打售后服务热线，本社负责调换

前　言

随着电子商务的进一步发展，以及移动设备的逐步普及，各种新媒体营销平台如雨后春笋般出现，电子商务的营销推广也与新媒体工具紧密结合到一起。新媒体以更快的传播速度、更低的推广成本、更丰富的信息量、更好的互动性，正逐步成为电子商务商家进行营销推广时的首选工具。

电子商务新媒体营销时代的到来，对商家提出了更高的要求。随着新媒体行业的发展，微博、微信、微站、微商城、H5、在线表单等电子商务新媒体营销推广方法也在时刻发生着变化，对应的营销推广工具也有更新与变化。新鲜、有趣、奇特的营销推广方式与内容，能够吸引用户的兴趣，进而转化为销量。因此，只会写推文而无法利用新媒体营销推广工具创新表现形式、只会做内容而不会应用新媒体工具的电子商务企业，其营销推广效果必然会受到影响。

虽然大部分电子商务企业已经具备了新媒体营销推广的意识，但是在实际应用的过程中，好的创意方式却常常无法实现，这成了企业在新媒体营销推广中最大的绊脚石，使其推广效果大打折扣。

本书以电子商务新媒体营销理论为技术，通过介绍当前流行的电子商务新媒体营销推广工具，为读者使用新媒体工具提供帮助。本书介绍了微信公众平台、微信文章编辑器、微信商城、易企秀、微讯云端、金数据、腾讯风铃、微现场这几种电子商务新媒体营销推广工具的具体使用方式，读者可通过研究具体的工具，达到举一反三的效果，最终掌握包括微信营销、推文排版、微站点、H5、在线表单、微信第三方平台等平台的使用方法，实现有效的营销推广效果。

本书为揭阳市扬帆计划"十万电商人才培育工程"项目中电子商务人才培训系列丛书之一。为进一步推进揭阳市十万电商人才培训工作，揭阳市委组织部牵头申报的"十万电商人才培育工程"项目获广东省扬帆计划 2016 年专项扶持资金支持。通过竞争性谈判，揭阳职业技术学院中标揭阳市委组织部扬帆计划"十万电商人才培育工程"项目，负责项目的具体实施。"十万电商人才培育工程"项目的实施，将进一步完善揭阳市电商人才培训体系，推动全市电商培训机构抱团发展，打造具有全国影响力的电商人才培训基地，为揭阳市乃至整个粤东地区电子商务产业发展提供强有力的电商人才支撑。

本电子商务人才培训系列丛书在编写的过程中得到中共揭阳市委组织部、揭阳职业技术学院等单位各领导与同事的大力支持，在此表示衷心感谢。由于作者水平有限，本书若有不足之处，恳请广大读者提出宝贵的建议和意见。

编　者

目 录

第1章 微信公众平台 (1)
1.1 认识微信公众平台 (1)
1.1.1 微信公众平台发展史 (2)
1.1.2 微信公众平台运营规范 (3)
1.1.2.1 原则 (3)
1.1.2.2 相关条款 (3)
1.1.2.3 运营规范 (3)
1.1.2.4 动态运营规范 (5)
1.2 微信公众号类型 (5)
1.2.1 订阅号 (5)
1.2.2 服务号 (6)
1.2.3 企业号 (7)
1.2.3.1 企业号的优点 (7)
1.2.3.2 企业号的特点 (8)
1.2.4 小程序 (8)
1.2.5 服务号、订阅号、企业号的对比说明 (9)
1.3 注册微信公众平台 (11)
1.3.1 注册微信公众平台需要准备的资料 (11)
1.3.2 注册个人订阅号的详细步骤 (13)
1.3.3 注册企业服务号的详细步骤 (17)
1.4 微信公众平台功能模块 (21)
1.4.1 群发功能 (21)
1.4.1.1 公众平台群发规则 (21)
1.4.1.2 群发方法 (22)
1.4.1.3 公众平台群发消息如何查看并删除 (22)
1.4.2 素材编辑 (23)
1.4.2.1 公众平台图文消息编辑方法 (23)

1.4.2.2　图文消息添加链接的方法 ··（26）
　　1.4.2.3　在图文消息上上传视频的方法及出现的问题 ·······················（28）
　1.4.3　自动回复 ···（29）
　1.4.4　自定义菜单 ··（30）
　　1.4.4.1　自定义菜单使用说明 ···（30）
　　1.4.4.2　自定义菜单编辑方法 ···（31）
　1.4.5　投票管理 ···（32）
　　1.4.5.1　投票功能 ··（32）
　　1.4.5.2　查询投票结果 ···（32）
　　1.4.5.3　常规问题处理 ···（32）
　1.4.6　管理模块 ···（32）
　　1.4.6.1　公众平台用户管理功能 ··（32）
　　1.4.6.2　公众平台消息管理功能 ··（33）
　1.4.7　数据统计分析 ···（34）
　　1.4.7.1　公众平台数据统计消息分析模块 ·······································（34）
　　1.4.7.2　公众平台数据统计用户分析模块 ·······································（34）

第 2 章　微信文章编辑器

2.1　常见的第三方微信文章编辑器 ··（37）
2.2　常见第三方微信文章编辑器的使用 ···（37）
　2.2.1　编辑器的界面介绍 ··（38）
　2.2.2　主要排版功能介绍 ··（38）
　2.2.3　便捷功能介绍 ··（41）
　2.2.4　简单排版教程 ··（46）
　　2.2.4.1　排版的目的 ···（46）
　　2.2.4.2　排版技巧 ··（46）

第 3 章　微信商城

3.1　认识微信商城 ··（50）
3.2　微店、有赞商城的优势以及区别 ···（51）
　3.2.1　有赞 ···（51）
　3.2.2　微店 ···（51）
3.3　有赞商城的使用方法 ··（51）
　3.3.1　有赞商城注册 ··（52）
　3.3.2　有赞微商城创建 ···（53）
　3.3.3　微商城后台功能介绍 ···（55）
　3.3.4　微商城店铺管理 ···（57）
　　3.3.4.1　有赞微页面 ···（57）
　　3.3.4.2　主页页面设置 ··（57）
　　3.3.4.3　微页面分类设置 ···（59）
　3.3.5　商品管理 ··（60）

3.3.6　数据管理 …………………………………………………………（63）

第4章　易企秀 ……………………………………………………………（65）

4.1　账户的注册及登录 …………………………………………………（65）
4.2　管理账号 ……………………………………………………………（66）
4.2.1　账号安全 ………………………………………………………（66）
4.2.2　交易查询 ………………………………………………………（66）
4.2.3　发票管理 ………………………………………………………（67）
4.2.4　优惠券 …………………………………………………………（67）
4.2.5　认证中心 ………………………………………………………（67）
4.2.6　回收站 …………………………………………………………（67）
4.3　认识管理后台 ………………………………………………………（67）
4.3.1　功能导航栏 ……………………………………………………（68）
4.3.1.1　专题模块 …………………………………………………（68）
4.3.1.2　我的场景 …………………………………………………（68）
4.3.1.3　免费模板 …………………………………………………（69）
4.3.1.4　场景推广 …………………………………………………（70）
4.3.1.5　会员特权 …………………………………………………（70）
4.3.1.6　秀场 ………………………………………………………（71）
4.3.1.7　用户论坛 …………………………………………………（71）
4.3.2　个人数据 ………………………………………………………（71）
4.3.2.1　推荐场景以及样例中心 …………………………………（71）
4.3.2.2　推广统计 …………………………………………………（72）
4.3.2.3　场景概况 …………………………………………………（72）
4.3.3　我的特权 ………………………………………………………（73）
4.3.3.1　个人账号、升级账号 ……………………………………（73）
4.3.3.2　我的秀点 …………………………………………………（73）
4.3.3.3　付费样例 …………………………………………………（73）
4.3.3.4　去除尾页和底标 …………………………………………（73）
4.3.3.5　审核关闭短信提醒 ………………………………………（73）
4.3.3.6　场景保障服务 ……………………………………………（74）
4.3.3.7　自定义加载LOGO ………………………………………（74）
4.3.3.8　短信推广数量 ……………………………………………（74）
4.3.3.9　域名自定义 ………………………………………………（74）
4.3.3.10　子账号数量 ………………………………………………（74）
4.3.3.11　场景前置审核 ……………………………………………（74）
4.3.3.12　驳回加急审核 ……………………………………………（74）
4.4　案例详解 ……………………………………………………………（74）
4.4.1　案例1　创建一个空白场景 …………………………………（74）
4.4.1.1　文本 ………………………………………………………（74）

  4.4.1.2 背景 ………………………………………………………………………（77）
  4.4.1.3 音乐 ………………………………………………………………………（78）
  4.4.1.4 视频 ………………………………………………………………………（78）
  4.4.1.5 图片 ………………………………………………………………………（78）
  4.4.1.6 形状 ………………………………………………………………………（78）
  4.4.1.7 互动 ………………………………………………………………………（78）
  4.4.1.8 表单 ………………………………………………………………………（79）
  4.4.1.9 特效 ………………………………………………………………………（79）
  4.4.1.10 扩展 ……………………………………………………………………（79）
  4.4.1.11 高级 ……………………………………………………………………（79）
 4.4.2 案列2 使用系统模板编辑 ……………………………………………………（80）
  4.4.2.1 场景编辑 …………………………………………………………………（80）
  4.4.2.2 预览和设置 ………………………………………………………………（81）
  4.4.2.3 保存 ………………………………………………………………………（83）
  4.4.2.4 发布 ………………………………………………………………………（83）
  4.4.2.5 退出 ………………………………………………………………………（83）

第5章 微讯云端 ……………………………………………………………………（84）

5.1 账户的注册及登录 …………………………………………………………………（84）
5.2 账号中心 ……………………………………………………………………………（85）
5.3 认识网站 ……………………………………………………………………………（86）
 5.3.1 绑定及基础设置 ………………………………………………………………（86）
  5.3.1.1 新手任务（必做） …………………………………………………………（86）
  5.3.1.2 其他设置 …………………………………………………………………（87）
 5.3.2 功能板块 ………………………………………………………………………（91）
  5.3.2.1 展示模板 …………………………………………………………………（91）
  5.3.2.2 推广模板 …………………………………………………………………（97）
  5.3.2.3 互动模板 …………………………………………………………………（100）
  5.3.2.4 交易模板 …………………………………………………………………（108）
  5.3.2.5 行业模板 …………………………………………………………………（109）
  5.3.2.6 硬件模板 …………………………………………………………………（114）
  5.3.2.7 商业特权版套餐 …………………………………………………………（115）
 5.3.3 增值商店 ………………………………………………………………………（115）
 5.3.4 个人中心 ………………………………………………………………………（115）
 5.3.5 新手入门 ………………………………………………………………………（115）
 5.3.6 运营教程 ………………………………………………………………………（116）
 5.3.7 流量管理 ………………………………………………………………………（116）
 5.3.8 最新公告 ………………………………………………………………………（116）
 5.3.9 常见问题 ………………………………………………………………………（116）

第6章 金数据

6.1 账户的注册及登录 ……………………………………………………………… (117)
6.2 用户中心 ……………………………………………………………………… (118)
6.2.1 个人中心 …………………………………………………………………… (118)
6.2.1.1 账户概览 ……………………………………………………………… (119)
6.2.1.2 账户设置 ……………………………………………………………… (119)
6.2.1.3 API ……………………………………………………………………… (119)
6.2.1.4 设置提醒 ……………………………………………………………… (120)
6.2.1.5 费用中心 ……………………………………………………………… (120)
6.2.1.6 日志 …………………………………………………………………… (120)
6.2.1.7 第三方服务集成 ……………………………………………………… (121)
6.2.1.8 第三方服务授权 ……………………………………………………… (121)
6.2.2 模板中心 …………………………………………………………………… (121)
6.2.3 帮助中心 …………………………………………………………………… (121)
6.2.4 提交工单 …………………………………………………………………… (121)
6.2.5 关注金数据 ………………………………………………………………… (121)
6.2.6 退出 ………………………………………………………………………… (122)
6.2.7 消息中心 …………………………………………………………………… (122)
6.3 认识网站 ……………………………………………………………………… (122)
6.3.1 功能导航栏 ………………………………………………………………… (123)
6.3.1.1 桌面 …………………………………………………………………… (123)
6.3.1.2 标签 …………………………………………………………………… (124)
6.3.2 应用 ………………………………………………………………………… (124)
6.3.2.1 自定义打印 …………………………………………………………… (124)
6.3.2.2 核销码 ………………………………………………………………… (125)
6.3.2.3 现场抽奖 ……………………………………………………………… (125)
6.3.2.4 幸运大转盘 …………………………………………………………… (126)
6.3.2.5 欢乐水果机 …………………………………………………………… (126)
6.3.2.6 在线考试 ……………………………………………………………… (127)
6.3.2.7 签到应用 ……………………………………………………………… (128)
6.4 案例解析 ……………………………………………………………………… (129)
6.4.1 案例1 创建表单 …………………………………………………………… (129)
6.4.1.1 概述 …………………………………………………………………… (129)
6.4.1.2 编辑 …………………………………………………………………… (129)
6.1.2.3 规则 …………………………………………………………………… (131)
6.1.2.4 设置 …………………………………………………………………… (132)
6.1.2.5 发布 …………………………………………………………………… (134)
6.4.1.6 数据 …………………………………………………………………… (135)
6.4.1.7 报表 …………………………………………………………………… (135)

6.4.2　案例2　从Excel创建表单 ……………………………………………………（135）
第7章　腾讯风铃 ……………………………………………………………………（136）
7.1　账户的注册及登录 ……………………………………………………………………（136）
7.2　用户中心 ………………………………………………………………………………（137）
　7.2.1　我的站点 ……………………………………………………………………………（137）
　　7.2.1.1　站点报告 ……………………………………………………………………（137）
　　7.2.1.2　页面链接 ……………………………………………………………………（138）
　　7.2.1.3　站点授权 ……………………………………………………………………（138）
　　7.2.1.4　绑定域名 ……………………………………………………………………（138）
　　7.2.1.5　跳转脚本 ……………………………………………………………………（139）
　　7.2.1.6　腾讯云分析 …………………………………………………………………（139）
　7.2.2　我的素材 ……………………………………………………………………………（139）
　7.2.3　微信管理 ……………………………………………………………………………（139）
　　7.2.3.1　账号与素材管理 ……………………………………………………………（139）
　　7.2.3.2　微信应用功能 ………………………………………………………………（140）
　7.2.4　退出 …………………………………………………………………………………（141）
　7.2.5　消息中心 ……………………………………………………………………………（141）
7.3　认识网站 ………………………………………………………………………………（142）
　7.3.1　功能导航栏 …………………………………………………………………………（142）
　　7.3.1.1　微站 …………………………………………………………………………（142）
　　7.3.1.2　画报 …………………………………………………………………………（143）
　　7.3.1.3　微现场 ………………………………………………………………………（143）
　　7.3.1.4　页面定制 ……………………………………………………………………（143）
　　7.3.1.5　产品特色 ……………………………………………………………………（143）
　　7.3.1.6　风铃社区 ……………………………………………………………………（144）
　7.3.2　创建您最棒的移动站点 ……………………………………………………………（145）
　7.3.3　我们提供的服务 ……………………………………………………………………（145）
　7.3.4　成功案例 ……………………………………………………………………………（145）
　7.3.5　合作伙伴 ……………………………………………………………………………（145）
7.4　案例详解 ………………………………………………………………………………（145）
　7.4.1　页面 …………………………………………………………………………………（145）
　7.4.2　模板 …………………………………………………………………………………（146）
　4.4.3　组件 …………………………………………………………………………………（147）
　　4.4.3.1　常用组件 ……………………………………………………………………（147）
　　7.4.3.2　功能性组件 …………………………………………………………………（150）
　　7.4.3.3　保存 …………………………………………………………………………（155）
　　7.4.3.4　发布 …………………………………………………………………………（155）
第8章　微现场 ………………………………………………………………………………（156）
8.1　账户的注册及登录 ……………………………………………………………………（156）

8.2 认识管理后台 …………………………………………………………… (157)
　8.2.1 导航栏 ………………………………………………………………… (157)
　　8.2.1.1 返回旧版 ……………………………………………………… (157)
　　8.2.1.2 操作手册 ……………………………………………………… (157)
　　8.2.1.3 帮助中心 ……………………………………………………… (157)
　　8.2.1.4 体验DEMO …………………………………………………… (157)
　8.2.2 活动列表 ……………………………………………………………… (157)
8.3 新建现场活动 …………………………………………………………… (157)
　8.3.1 属性设置 ……………………………………………………………… (159)
　　8.3.1.1 基础设置 ……………………………………………………… (159)
　　8.3.1.2 高级设置 ……………………………………………………… (159)
　　8.3.1.3 用户管理 ……………………………………………………… (159)
　　8.3.1.4 绑定公众号 …………………………………………………… (159)
　8.3.2 邀请函 ………………………………………………………………… (160)
　　8.3.2.1 邀请函管理 …………………………………………………… (160)
　　8.3.2.2 报名审核 ……………………………………………………… (161)
　8.3.3 签到 …………………………………………………………………… (162)
　　8.3.3.1 签到设置 ……………………………………………………… (162)
　　8.3.3.2 签到审核 ……………………………………………………… (162)
　8.3.4 微信上墙 ……………………………………………………………… (162)
　　8.3.4.1 大屏幕设置 …………………………………………………… (162)
　　8.3.4.2 消息审核 ……………………………………………………… (163)
　8.3.5 抽奖 …………………………………………………………………… (163)
　　8.3.5.1 奖品设置 ……………………………………………………… (163)
　　8.3.5.2 中奖名单 ……………………………………………………… (163)
　8.3.6 游戏——摇一摇夺奖 ………………………………………………… (164)
　8.3.7 投票 …………………………………………………………………… (164)
8.4 手机端 …………………………………………………………………… (165)

参考文献 ……………………………………………………………………… (166)

第1章 微信公众平台

本章对微信公众平台（以下简称公众平台或平台）做了比较全面的介绍，例如，微信公众平台是什么、如何注册微信公众平台、服务号与订阅号有什么区别、微信公众平台的功能怎么使用、微信公众平台如何进行信息管理、微信公众平台能统计到哪些数据、账号信息有什么作用，等等，可以使读者对微信公众平台有一个宏观的了解。

1.1 认识微信公众平台

微信公众平台是腾讯公司在微信的基础上新增的功能模块，通过这一平台，个人和企业都可以打造一个微信公众平台，可以群发文字、图片、语音三个类别的内容，主要面向名人、政府、企业等机构推出合作推广业务。在这里，使用者可以通过微信渠道将品牌推广给上亿的微信用户，减少宣传成本，提高品牌知名度，打造更具影响力的品牌形象。

微信公众平台，简称 Wechat，曾命名为"官号平台"和"媒体平台"，最终定位为"公众平台"，这无疑让人们看到了对微信更大的期望。和新浪微博早期从明星战略着手不同，微信此时已经有了亿级用户，所以，挖掘自己用户的价值，为这个新的平台增加更优质的内容，创造更好的黏性，形成一个不一样的生态循环，这是平台发展初期更重要的方向。利用公众平台进行自媒体活动，简单来说，就是进行一对多的媒体性行为活动，如商家通过申请微信公众号①二次开发展示商家微官网、微会员、微推送、微支付、微活动、微报名、

---

① 微信公众号是开发者或商家在微信公众平台上申请的应用账号，该账号与 QQ 账号互通，通过微信公众号，商家可在微信公众平台上与特定群体进行文字、图片、语音和视频的全方位沟通、互动。

微分享、微名片等,从而形成一种主流的线上线下的微信互动营销方式。

1.1.1 微信公众平台发展史

中文名:微信公众平台;
外文名:Wechat public platform;
开发公司:腾讯公司;
推出时间:2012 年;
主要作用:消息推送、品牌传播、分享;
功能定位:群发推送、自动回复、二维码订阅;
CEO:马化腾。

2011 年 1 月,腾讯公司正式推出微信。

2012 年 3 月 29 日,微信注册用户过一亿。

2012 年 8 月 20 日,腾讯公司在微信中增加了微信公众平台的功能。

2013 年 3 月,微信公众平台又向企业用户推出了自定义菜单内测的申请。如图 1-1 所示。

图 1-1 自定义菜单内测

2013 年 6 月,微信公众平台新增自定义 LBS(基本位置的服务)数据;2013 年 10 月 19 日,增加微信 LBS 图文回复功能,此功能是由商家设置店铺位置,用户提交当前所在位置后,可以找到最近的商家店铺。并进行一键导航、一键拨号。

2013 年 7 月,腾讯推出微支付的功能,微支付为腾讯旗下财付通(类似支付宝)的产品,微支付被镶入微信当中,用户绑定银行卡后可用于日常生活中在微信平台支付。微支付适用于 B2C(商对客)、C2C(客对客)最活跃的商品交易。

用户在 APP(手机软件)中看到某个精彩内容,比如一篇文章、一首歌曲,如果想转发给好友,点击"分享给微信好友",通过微信,好友就会收到信息,然后轻轻一点,可以查看详情，还可以使用APP来查看内容，把看到的精彩内容再分享到微信朋友圈。

微信在2013年8月5日从4.5版升级到了5.0版，同时微信公众平台也做了大幅调整，微信公众号被分成订阅号和服务号，运营主体是组织的（例如，企业、媒体、公益组织），可以申请服务号；运营主体是组织和个人的，可以申请订阅号，但是个人不能申请服务号。

2016年9月21日，微信小程序正式开启内测。在微信生态下，触手可及、用完即走的微信小程序引起人们的广泛关注。

2017年1月9日，张小龙在2017微信公开课PRO（Professional的缩写，意为专业的、职业的）上发布的小程序正式上线。

1.1.2 微信公众平台运营规范

1.1.2.1 原则

致力于为用户提供绿色、健康的生态环境，努力打造企业、机构与个人用户之间交流和服务的一个优质平台，给予用户更多的选择和便利，进一步降低沟通和交易成本，并创造更多的社会价值。

为了更好地实现这一目标，微信团队确定了平台运营的以下两个基本原则，这可以作为平台使用者一切权责的基础，使大家携手共同维护平台运营秩序，规范自律，互融共进。

1. 建立良好的用户体验

（1）开发运营含有丰富交流与互动元素的公众号；

（2）为用户提供更多的选择（内容多样）和控制；

（3）提供具有价值的、持续性的并与该账号高度相关的内容。

2. 要值得信赖

（1）充分尊重用户并理解用户；

（2）遵守国家相关法律法规，不从事违法或违反《微信公众平台服务协议》及相关规则的内容和行为；

（3）不发送垃圾信息并不存在过度营销行为，鼓励向用户传送符合需求的真实资讯。

1.1.2.2 相关条款

使用微信公众平台的服务，公众号运营者必须阅读并遵守《微信公众平台服务协议》《腾讯服务协议》《腾讯微信软件许可及服务协议》以及腾讯为此制定的专项规则等。运营规范是在上述协议及规则的基础上进行解释和说明，相关内容和举例旨在帮助公众号运营者更加清晰地理解和遵守相关协议和规则，以便能够更加顺利地在微信公众平台进行运营。

1.1.2.3 运营规范

公众平台的良好可持续发展有赖于公众号运营者及广大公众账号用户的共同努力与支持，以下运营规范的内容有助于运营者更加清晰地了解公众平台的运营规则，期望人们一起创建并维护运营者、用户、平台等各方共赢有利的生态体系。

1. 注册规范

（1）绑定的邮箱地址要求真实存在，通过该邮箱激活账号。

(2）填写运营者的手机号码并按要求成功完成验证。

(3）填写真实可信的身份资料（姓名、身份证号码、固定电话号码、单位名称、职务等信息）。

(4）上传真实有效并清晰可见的证件（身份证、营业执照、组织机构代码证）照片或扫描件。

(5）一个身份证可注册五个公众号，一个手机号码可验证五个公众号。

(6）账号名称、头像、功能介绍等资料涉及色情、暴力等违法违规内容的，将不能注册。

(7）账号名称、头像、功能介绍等资料涉及侵害他人名誉权、肖像权、知识产权、商业秘密等合法权利的，将不能注册。

(8）部分主体类型需进行主体申请真实性验证后，方可完成注册。

(9）申请后30日未完成注册，公众号申请注册流程可能被终止，终止后注册所使用邮箱信息将被取消申请注册状态，可用于新公众号注册。

2. 认证规范

需遵守《微信公众平台认证服务协议》及相关认证规则。

3. 微信公众账号行为规范

鉴于以下行为均属严重违规行为，影响用户体验，并可能给其他公众账号运营者、用户及平台带来损害，所以，任何微信公众账号均不得以任何形式实施。否则，一经发现，将根据违规程度对该公众账号采取相应的处理措施。

1）使用外挂行为

未经腾讯书面许可，使用或推荐、介绍使用插件、外挂或其他违规第三方工具、服务接入本服务和相关系统。如图1-2所示。

图1-2 外挂或其他违规第三方工具

2）诱导行为

通过外链或公众号消息等方式，强制或诱导用户将消息分享至朋友圈的行为。奖励的方式包括但不限于实物奖品、虚拟奖品（积分、信息）等。如图1-3所示。

通过外链、公众号群发或二维码等方式，以奖励或其他方式，强制或诱导用户关注公众号的行为。奖励的方式包括但不限于实物奖品、虚拟奖品（积分、信息）等。如图1-4所示。

图1-3 外链诱导分享

图1-4 外链诱导关注

对于涉嫌多次或经常编造、发布、转发、传播违法违规信息内容的，或者涉嫌无正当理由频繁地针对同一个或同一类型主体的合法权益进行不实或夸大的攻击或侵害的公众号，微信公众平台有权采取更为严厉的措施，包括但不限于对相关内容进行删除、屏蔽，并视行为情节对违规账号处以包括但不限于警告、删除部分或全部关注用户、限制或禁止使用部分或全部功能、账号短期或永久封禁直至注销的处罚，并有权拒绝再向该运营主体提供服务。

1.1.2.4 动态运营规范

微信公众平台运营规范为动态文档，腾讯公司微信团队有权根据相关法律法规或产品运营的需要对其内容进行修改并更新，应反复查看官网最新内容以便获得最新信息。

1.2 微信公众号类型

目前微信公众平台有4种类型的账号，分别为订阅号、服务号、企业号以及小程序，4种账号各自有不同之处以及它们所适合的人群。如图1-5所示。

1.2.1 订阅号

订阅号为媒体和个人提供一种新的信息传播方式，主要功能是在微信侧给用户传达新闻资讯以及科技信息；功能类似报纸杂志，提供科学讯息或娱乐趣事。如图1-6所示。

适用人群：个人、媒体、企业、政府或其他组织。

群发次数：订阅号1天内可群发1条消息。

温馨提示：

（1）如果想用公众平台简单发送新闻科技类讯息，吸引用户关注，做宣传推广服务，建议选择订阅号；

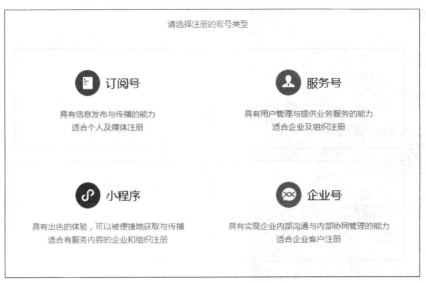

图 1-5　微信公众号 4 种类型的账号

（2）如果想在公众平台上销售商品或对接用户服务系统，建议选择服务号，可认证后再申请微信支付商户。

图 1-6　订阅号界面展示

1.2.2　服务号

服务号为企业和组织提供更强大的业务服务与用户管理能力，主要偏向服务类交互功能，此功能类似移动的 10086，提供微信账号绑定信息，提供企业系统服务，实现与用户的交流互动。

适用人群：媒体、企业、政府或其他组织。
群发次数：服务号 1 个月内可发送 4 条群发消息。
温馨提示：
（1）如果想用公众平台简单发送资讯类信息，吸引用户关注，做宣传推广服务，建议选择订阅号；
（2）如果想在公众平台上销售商品或对接用户服务系统，建议选择服务号，可认证后再申请微信支付商户。
服务号界面展示如图 1-7 所示。

图 1-7　服务号界面展示

1.2.3　企业号

企业号是微信为企业客户提供的移动应用入口，可以帮助企业建立公司内部员工、上下游供应链与企业 IT（信息科技和产业）系统之间的对接。利用企业号，企业或第三方合作伙伴可以帮助企业快速、低成本地实现高质量的移动轻应用、轻办公，实现企业生产运营、人员管理、工作协调的移动化。让企业内部人员之间进行有效的沟通与协调，让工作更顺利。

1.2.3.1　企业号的优点

企业号作为企业 IT 移动化解决方案，相比于企业自己开发 APP，具有明显的优势。企业号界面展示如图 1-8 所示。

1. 快速移动化办公

企业在开通企业号后，可以直接利用微信及企业号的基础能力，加强员工间的沟通与协同，提升企业文化建设、公告通知、知识管理的质量，快速实现企业应用的移动化。

2. 开发成本较低

仅需要按照企业号的标准 API（应用程序编程接口）与现有系统进行对接，无须再自行开发企业管理的 APP。

3. 使用无门槛

用户扫码微信关注，验明身份，通过后即可使用，在玩微信时，随手接收并处理企业号消息，无须学习即可流畅使用。

图 1-8　企业号界面展示

1.2.3.2　企业号的特点

1. 关注更安全

只有企业通讯录的成员才能关注企业号，或由管理员验证身份后才能关注企业号，分级管理、保密消息等各种特性可以确保企业内部信息的安全。

2. 应用可配置

企业可自行在企业号中配置多个服务号，可以连接不同的企业应用系统，只有授权的企业成员才能使用相应的服务号。

3. 消息无限制

发送消息无限制，并提供完善的管理接口及微信原生能力，以适应企业复杂、个性化的应用场景。

4. 使用更便捷

企业号在微信中有统一的消息入口，内部人员可以更方便地管理企业号消息。微信通讯录里的人员也可以直接访问企业号中的各种应用功能。

1.2.4　小程序

小程序是微信一种新的开发功能，在 2017 年 1 月发布。可以让开发者快速地开发一个微信小程序。小程序可以在微信内被便捷地获取和传播，同时具有出色的使用体验功能，功能类似于手机 APP。如图 1-9 所示。

开放注册范围：企业、政府、媒体以及其他组织。

当下热门小程序：滴滴出行 DIDI、汽车之家 Autohome、摩拜单车，等等。

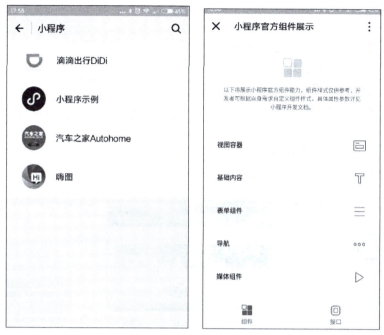

图 1-9　小程序界面展示

小程序支持以下功能：

1. 开发文档

带你一步步创建完成一个微信小程序，并在手机上体验该小程序的实际效果。小程序的首页将会显示 Hello world（第一个程序的默认欢迎语：你好，世界）以及当前用户的微信头像，点击头像，可以在新开的页面中查看当前小程序的启动日志。

2. 开发者工具

帮助开发者简单和高效地开发微信小程序，集成了开发调试、代码编辑及程序发布等功能。

3. 设计指南

建立在充分尊重用户知情权与操作权的基础之上。在微信生态体系内，建立友好、高效、一致的用户体验，同时最大限度地适应和支持用户的不同需求，以实现用户与小程序服务方的共赢。

4. 小程序体验 DEMO[①]

体验小程序组件及 API，并提供调试接口给开发者使用。

1.2.5　服务号、订阅号、企业号的对比说明

订阅号主要用于为用户传达资讯、新闻，认证前后都是每天只可以群发 1 条消息。

---

①　DEMO 是 Demonstration 的缩写，意为示范、展示、样片、样稿、原型，常用来称呼具有示范或展示功能及意味的事物。

服务号主要偏于服务交互功能（类似10068，提供服务查询），认证前后都是每个月可群发4条消息。

企业号主要用于公司内部人员的沟通与协调，需要先验证身份才可以成功关注企业号。

温馨提示：

（1）如果想简单地发送消息，达到宣传效果，建议选择订阅号；

（2）如果想销售商品，进行商品的线上售卖，建议申请服务号；

（3）如果想用来管理企业内部的员工、团队，可申请企业号。

（4）订阅号可通过微信认证资质进行审核，通过审核后，可升级为服务号，升级成功后类型不可再变。

（5）服务号不可变更成订阅号。

三种类型的微信公众平台界面区别如图1-10所示。

图1-10 三种类型的微信公众平台界面区别

订阅号、服务号、企业号的功能区别与功能权限如表1-1和表1-2所示。

表1-1 订阅号、服务号、企业号的功能区别

账号类型	订阅号	服务号	企业号
业务介绍	为媒体和个人提供一种新的传播方式，构建与读者之间更好的沟通与管理模式	为企业和组织提供更强大的业务服务和用户管理能力，帮助企业快速实现全新的公众号服务平台	帮助企业和组织内部建立员工、上下游合作伙伴、企业IT系统之间的连接
适用人群	适用于个人和组织	不适用于个人	企业、政府、事业单位和其他组织

表 1-2 各类型账号的功能权限

功能权限	普通订阅号	认证订阅号	普通服务号	认证服务号	普通企业号	认证企业号
消息直接显示在好友对话列表中			√	√	√	√
消息显示在"订阅号"文件夹中	√	√				
每天可以群发 1 条信息	√	√				
每个月可以群发 4 条信息			√	√		
无限制群发						
保密信息禁止群发					√	√
关注时验证身份					√	√
基本的消息接收/回复接口	√	√	√	√	√	√
聊天界面底部、自定义菜单	√	√	√	√		
定制应用					√	
高级接口能力		部分支持		√		部分支持
微支付——商户功能		部分支持		√		√

1.3 注册微信公众平台

本小节为读者详细介绍如何注册一个微信公众平台,包括注册时所需用到的资料,详细罗列出注册微信公众平台的步骤并对注册时可能遇到的问题进行解答。个人订阅号和企业服务号这两种类型的微信公众号在生活中是较为常见的,也是大多数人注册公众平台的典例,了解了这两种公众平台的注册方法和步骤,其他类型公众平台的注册也就迎刃而解了。

1.3.1 注册微信公众平台需要准备的资料

1. 注册微信公众平台需要准备的资料(见表 1-3 和表 1-4)

表 1-3 注册微信公众平台需要准备的资料 A

个体户类型	企业类型	政府类型
个体户名称	企业名称	政府机构名称
营业执照注册号/统一信用代码	营业执照注册号/统一信用代码	组织机构代码
运营者姓名	运营者姓名	运营者姓名
运营者身份证号码	运营者身份证号码	运营者身份证号码
运营者手机号码	运营者手机号码	运营者手机号码
已绑定运营者银行卡的微信号	已绑定运营者银行卡的微信号	已绑定运营者银行卡的微信号
	企业对公账户	

表1-4 注册微信公众平台需要准备的资料B

媒体类型	其他组织类型	个人类型
媒体机构名称	组织机构名称	
组织机构代码/统一信用代码	组织机构代码/统一信用代码	
运营者姓名	运营者姓名	运营者姓名
运营者身份证号码	运营者身份证号码	运营者身份证号码
运营者手机号码	运营者手机号码	运营者手机号码
已绑定运营者银行卡的微信号	已绑定运营者银行卡的微信号	已绑定运营者银行卡的微信号

温馨提示：

若组织机构代码证上的"机构类型"为企业法人、企业非法人，请选择"企业类型"进行登记；

若"个体工商户"无"对公账号"，请选择"微信认证"完成注册公众账号。

2. 信息登记的审核时间

选择不同的验证方式，审核时间也有所不同，具体详情如下：

（1）选择支付验证注册。

需在10天内给指定账户进行小额打款，具体金额随机生成，腾讯公司收到款项后，在1个工作日的时间内完成验证。

温馨提示：

当账号主体的对公账户与打款账户一致，且打款金额与随机生成的金额一致时，即可成功注册，且所打的款将在3个工作日内原路退还到注册用户公司的对公账户上。

（2）选择微信认证注册。

登记信息并提交后，30天内必须完成微信认证，否则需重新提交资料。

温馨提示：

用户需支付服务审核费300元/年，支付成功后，腾讯公司会在1~5个工作日内进行审核，具体请用户留意通知中心的相关通知即可。当审核不被通过时，服务审核费不会退还，请用户务必认真填写审核资料。

3. 审核期间不能使用的功能

（1）选择支付验证注册时不能使用的功能。

验证期间，微信公众账号无法申请认证；

验证期间，公众号可以登录，但是功能无法正常使用，须等打款验证通过之后，才能正常使用该公众号；

验证期间，他人无法通过"搜索公众账号"搜索到微信公众账号。

（2）选择微信认证注册时不能使用的功能。

认证审核中，若资料不符合要求，请留意要求补充资料的通知，通知中心会提示用户最后提交的期限及重新上传资料的入口。

认证期间，公众号可以登录，但是功能无法正常使用，须等认证成功之后，才能正常使用该公众号；

认证期间，他人无法通过"搜索公众账号"搜索到该微信公众账号。

1.3.2 注册个人订阅号的详细步骤

第一步：打开微信公众平台官网：https：//mp.weixin.qq.com/，在右上角点击"立即注册"，如图1-11所示。

图1-11 微信公众平台个人订阅号注册第一步

第二步：选择你所需要的账号类型，如图1-12所示。

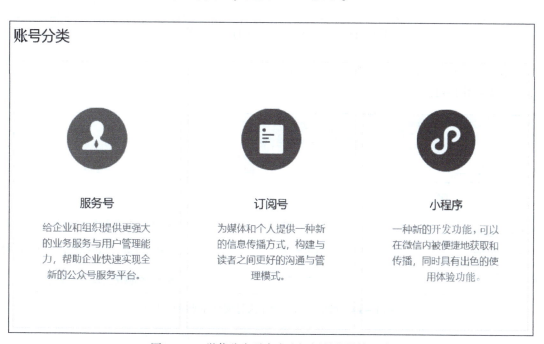

图1-12 微信公众平台个人订阅号注册第二步

第三步：认真填写邮箱及密码。注册用的邮箱需要没有注册过微信公众号或微信号。如图1-13所示。

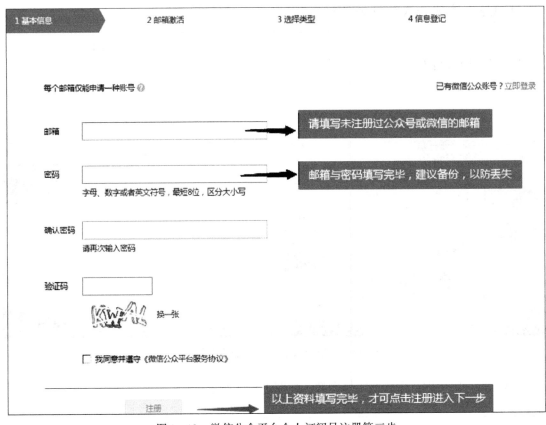

图1-13　微信公众平台个人订阅号注册第三步

第四步：登录你的邮箱，查看微信，激活邮件，点击邮箱里面的链接来激活公众号，如图1-14~图1-15所示。

图1-14　微信公众平台个人订阅号注册第四步A

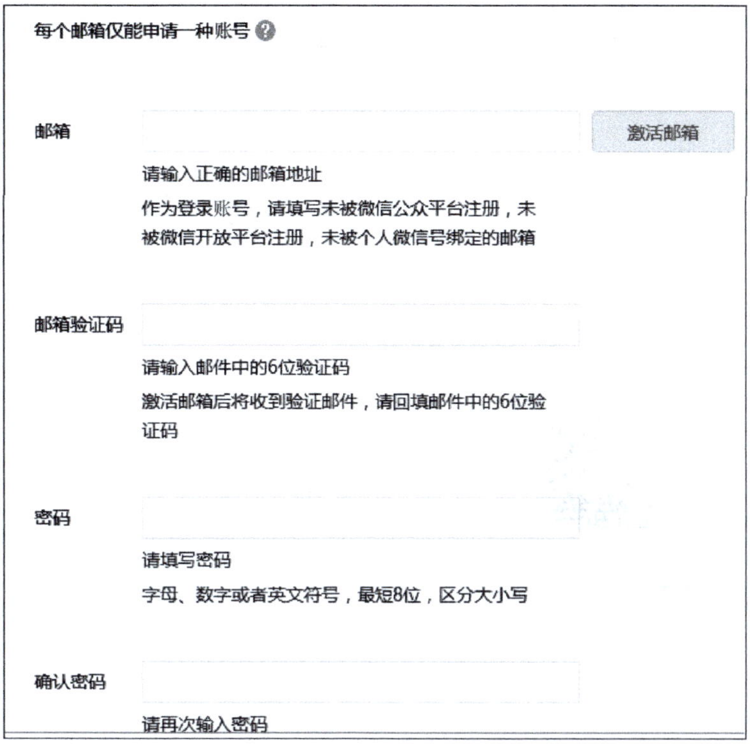

图 1-15 微信公众平台个人订阅号注册第四步 B

第五步：了解订阅号、服务号和企业号的区别后，选择个人想要的账号类型，如图 1-16 所示。

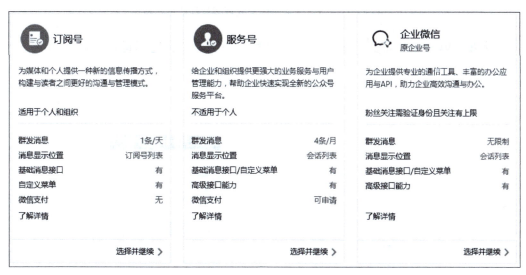

图 1-16 微信公众平台个人订阅号注册第五步

第六步：信息登记，选择个人类型之后，填写身份证信息以及运营者手机信息；运营者身份验证需用到有绑定银行卡的微信号。如图 1-17 所示。

16　电子商务营销推广技术工具实践

图 1-17　微信公众平台个人订阅号注册第六步

第七步：填写账号信息，包括公众号名称、功能介绍、选择运营地区，如图 1-18 所示。

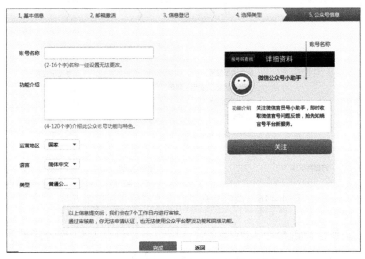

图 1-18　微信公众平台个人订阅号注册第七步

第八步：确定信息无误，点击完成，恭喜注册成功！如图1-19所示。

图1-19　微信公众平台个人订阅号注册最后一步

1.3.3　注册企业服务号的详细步骤

第一步：打开微信公众平台官网：https：//mp.weixin.qq.com/，在右上角点击"立即注册"，如图1-20所示。（以下图片均来自微信官网）

图1-20　微信公众平台企业服务号注册第一步

第二步：选择你所需要的账号类型，如图1-21所示。

图1-21　微信公众平台企业服务号注册第二步

第三步：填写邮箱及密码；如图1-22所示。

图1-22　微信公众平台企业服务号注册第三步

第四步：登录你的邮箱，查看并激活邮件，点击邮箱里面的链接来激活公众号，如图1-23所示。

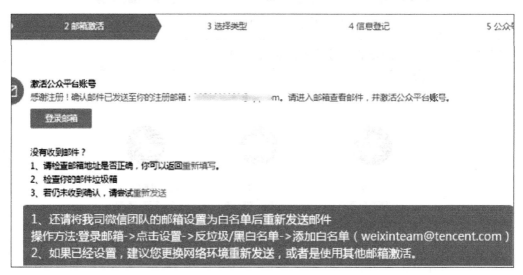

图1-23　微信公众平台企业服务号注册第四步

第五步：了解订阅号、服务号和企业号的区别后，选择想要的账号类型，如图1-24所示。

图1-24　微信公众平台企业服务号注册第五步

第六步：登记信息，如是公司，请记得选择企业类型；
选择企业之后，填写企业名称、营业执照注册号，选择注册方式，如图1-25所示。

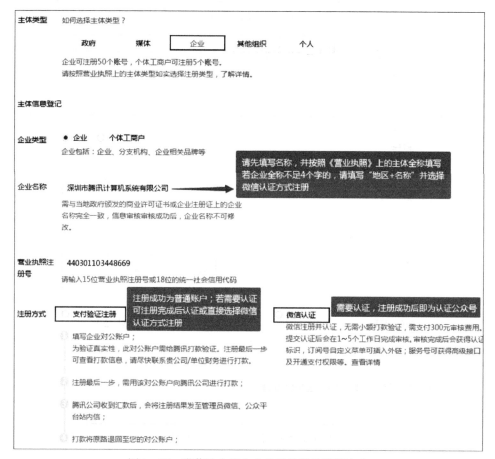

图1-25　微信公众平台企业服务号注册第六步

温馨提示：

若有对公账户，两种注册认证方法都可以进行注册认证；

若没有对公账户，可以用微信认证，微信认证注册方式是人工审核，需要服务审核费用300元。

微信认证较为方便，适合企业无对公账户注册认证，后面的注册认证步骤都以微信认证为主。

第七步：选择微信认证方式具体操作流程如下：

（1）点击微信认证，如图1-26所示。

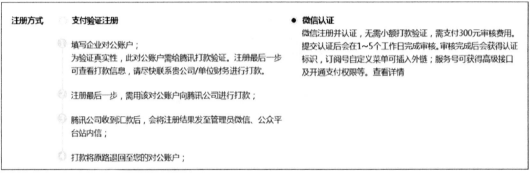

图1-26 微信认证注册步骤（1）

（2）填写运营者信息，如图1-27所示。

图1-27 微信认证注册步骤（2）

(3) 填写公众号名称、功能介绍，选择运营地区就可以了，如图 1-28 所示。

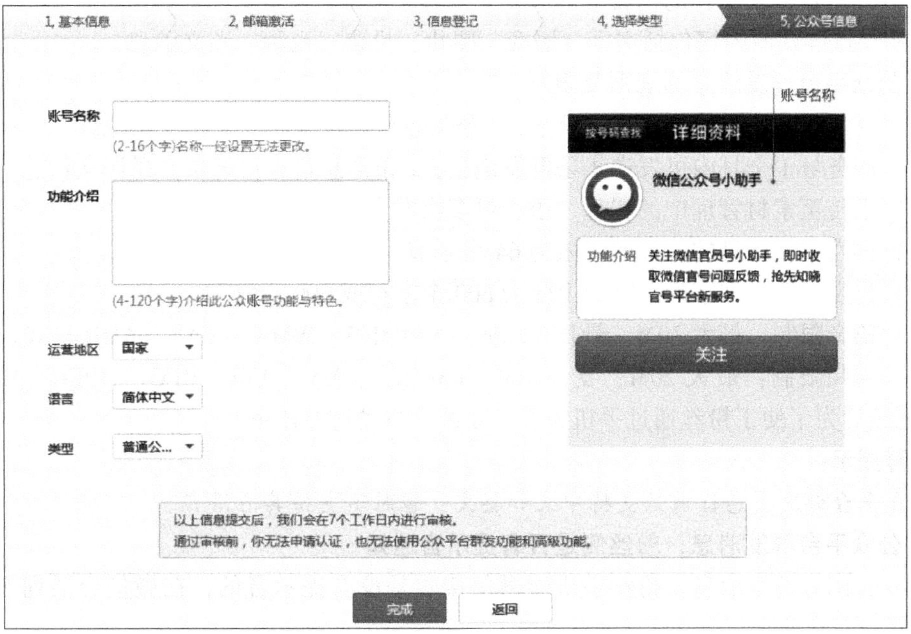

图 1-28　微信认证注册步骤（3）

(4) 记得要在 30 天内去操作微信认证，认证通过才算注册并认证成功，账号才能正常使用。如图 1-29 所示。

图 1-29　微信认证注册步骤（4）

1.4　微信公众平台功能模块

1.4.1　群发功能

1.4.1.1　公众平台群发规则

1. 公众平台群发人数上限

微信公众平台群发消息的人数没有限制，可以群发给全部关注公众号的粉丝，也可以群发给关注公众号的指定粉丝。

2. 公众平台群发支持的内容

目前支持群发的内容包括文字、语音、图片、投票、视频、图文消息。

3. 公众平台群发消息的规则及限制

（1）订阅号1天只能群发1条消息，1条消息最多可编辑8条图文信息。

（2）服务号1个月内可发送4条群发消息，1条消息最多可编辑8条图文信息。

（3）上传至素材管理中的图片、语音可多次群发，没有有效期。

（4）群发图文消息的，标题上限为64个字节。

（5）群发内容为文字的，字数上限为600个字符或600个汉字。

（6）语音限制：最大30M，最长30min，支持MP3、WMA、WAV、AMR格式。

（7）视频限制：最大20M，支持RM、RMVB、WMV、AVI、MPG、MPEG、MP4格式（上传视频后为了便于粉丝通过手机查看，系统会自动进行压缩）。

温馨提示：

公众平台群发消息目前只支持中文和英文，暂时不支持其他语言。

4. 公众平台群发消息，粉丝侧是否有提示音通知

（1）订阅号群发消息，粉丝手机端微信接收是没有提示音的，在微信会话列表会有新消息提示。

（2）服务号群发消息，粉丝手机端微信会收到提示音。

（3）素材管理的图文预览单独发送给粉丝微信号，手机端微信会收到提示音，但是预览图文链接有有效期，有效期为12小时。

1.4.1.2 群发方法

登录微信公众平台，点击功能——群发功能，根据需要编辑或选择已经编辑好的文字、语音、图片、视频、录音等内容后，选择群发对象或性别或群发地区发送即可。如图1-30所示。

图1-30 群发功能操作步骤

1.4.1.3 公众平台群发消息如何查看并删除

（1）通过微信公众平台群发的图文消息内容（包括群发成功或群发后审核中的内容），可在"已发送"中删除；进入微信公众平台，点击功能——群发功能——已发送，找到需删除的消息，点击删除图标，即可删除。如图1-31所示。

图1-31 群发功能信息删除

（2）多图文消息可选择需要删除的其中一条或多条图文，已收到消息的粉丝，手机端图文的封面及标题暂不支持删除，进不了图文链接。

（3）可删除公众号的"查看历史消息"中的相关记录；

（4）图文消息删除后，群发次数不会恢复；图文消息删除5分钟后全部生效。

温馨提示：

目前在微信公众平台中只能删除已发送成功的消息；正在群发中的消息，暂不支持撤回或删除。

1.4.2 素材编辑

1.4.2.1 公众平台图文消息编辑方法

1. 图文消息介绍

图文消息具有对想发布的相关资讯资料进行编辑、排版的功能，图文消息界面展示如图1-32所示。

图1-32 图文消息界面展示

2. 编辑图文消息

进入微信公众平台,点击管理——素材管理——新建图文消息,即可编辑单图文,如果需要编辑多图文消息,直接点击左侧图文导航"+"号,可多添加一条图文消息,最多可编辑 8 条图文消息。如图 1-33 和图 1-34 所示。

图 1-33 微信素材编辑步骤 1

图 1-34 微信素材编辑步骤 2

温馨提示:

目前设置图文消息的内容没有图片数量限制,正文里必须有文字内容,图片大小加正文的内容不超过 20000 字即可。[20000 字节(b) =19.53125 千字节(kb)]

3. 图文消息标题、摘要编辑规则

注意标题不能为空,且长度不超过 64 字,文字固定大小,字体无法更换。如图 1-35 所示。

在编辑单图文消息时,可以选填摘要内容,不能超过 120 个汉字或字符;填写摘要后,在粉丝收到的图文消息封面会显示摘要内容;若未填写摘要,在粉丝收到的图文消息封面则自动默认抓取正文段落文字。如图 1-36 所示。

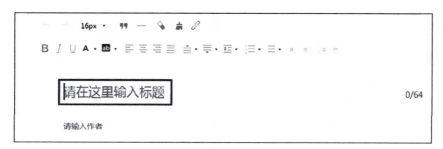

图 1-35　微信文章标题编辑

图 1-36　微信文章摘要编辑

4. 图文消息封面、正文图片上传规则

(1) 封面必须上传图片；

(2) 封面和正文图片，支持上传 BMP、PNG、JPEG、JPG、GIF 格式；

(3) 封面图片大小在 5M 以内，正文图片大小不能超过 5M；

(4) 封面和正文支持上传 GIF 格式动态图片，会显示上传的原图。

5. 图文消息正文内容编辑规则

(1) 正文必须输入文字以及图片消息，不能超过 20000 字；

(2) 可设置正文字体大小、颜色、背景色、字体加粗、斜体、下划线；

(3) 可以通过居中、居左、居右、段落间隔功能调整正文内容；

(4) 可设置字体背景颜色，但图文消息背景颜色不支持自定义设置；

(5) 右边的导航栏多媒体功能支持添加图片、视频、音乐、投票等内容；

(6) 可以把编辑好的图文在左边导航操作上进行上下移动，调整图文顺序。

温馨提示：

字号大小在 10px 到 50px 范围内、手动输入颜色代码，配出任意颜色字体颜色、撤销、重做、格式刷。

6. 在手机上预览编辑完成的图文消息

微信公众平台图文消息在群发之前，可以选择"发送预览"，输入个人微信号，发送成功后则可以在手机上查看效果，发送预览的图文消息只有输入的个人微信号能接收到，其他粉丝无法查看。目前预览的图文消息不支持分享到朋友圈，可以分享给微信好友、微信群，但图文链接有效期为 12 小时。如图 1-37 所示。

图 1-37 微信文章预览

温馨提示：

（1）预览微信号需是已关注该公众号的私人微信号；

（2）素材库文章预览功能已全面升级，在电脑端、手机端看到的预览文章，预览次数达到 500 次或预览后超过 12 小时才会自动失效。

1.4.2.2 图文消息添加链接的方法

1. 在图文消息中添加原文链接

登录微信公众平台后，点击管理中的素材管理——图文消息——"＋"——单条图文消息——原文链接，可以在原文链接中填写链接。之后，粉丝通过手机登录微信接收到消息后，点击阅读全文，就可以跳转到设置的链接。如图 1-38 所示。

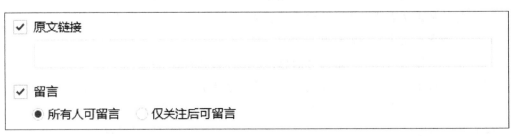

图 1-38 微信文章原文链接

2. 目前针对已开通微信支付的用户可以获得图文插入超级链接的功能

登录公众平台,点击素材库——新建图文消息——正文,选中需要加链接的文字或者图片,点击超级链接图标,输入需要跳转的链接即可。跳转的链接可以选择公众号里已发送过的图文信息或填写其他网址链接。如图1-39~图1-41所示。

图 1-39　微信文章插入超级链接步骤 1

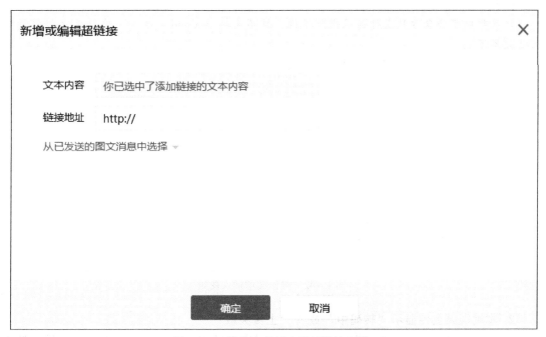

图 1-40　微信文章插入超级链接步骤 2

28 电子商务营销推广技术工具实践

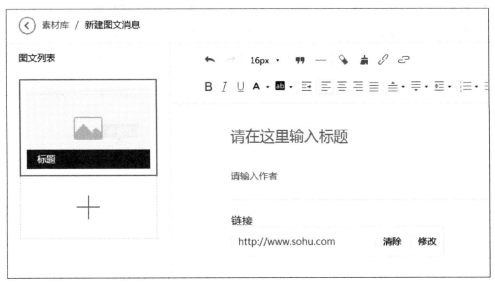

图1-41 微信文章插入超级链接步骤3

温馨提示：

开通原创的用户可以设置跳转已发送的图文信息，但无法设置跳转到其他网址链接。

1.4.2.3 在图文消息上上传视频的方法及出现的问题

1. 在图文消息上上传视频

进入微信公众平台，点击管理——素材库——新建图文信息，在右边多媒体导航栏点击"视频"按钮，输入视频信息，点击确定即可。如图1-42所示。

温馨提示：

目前非认证公众号只支持腾讯视频链接，且不支持Android 4.0以下的手机（接收到视频播放不了）；

微信认证（资质认证通过即可）支持图文添加本地视频、小视频功能。

图1-42 微信文章插入视频

2. 本地视频上传显示"转码中"或者"上传失败"

关于该问题，腾讯公司已进行优化，建议用户更换浏览器和时间操作，若还是无法解决，可以将视频上传到腾讯视频，通过图文消息插入视频网址链接进行群发。

3. 图文内插入视频后显示黑屏，无法播放

素材管理的图文内插入视频后，视频显示黑屏，如图1-43所示。这是由于腾讯对视频的尺寸调整优化了，但这不会影响到群发后的视频播放效果，可以通过预览图文信息，查看视频能否正常播放。

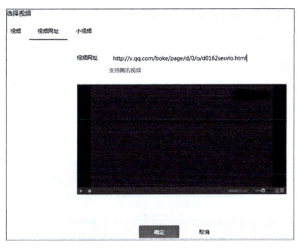

图1-43 插入视频链接出现黑屏

1.4.3 自动回复

如何设置消息自动回复？

设置方法：进入微信公众平台，点击功能——自动回复——消息自动回复，可设置文字、语音、图片、视频，回复用户信息。

自动回复可以设置关注时自动回复以及关键词自动回复。

在微信公众平台设置消息自动回复后，在粉丝给平台发送微信消息时，平台会自动回复设置的文字、语音、图片、视频和图文信息给粉丝。如图1-44所示。

图1-44 自动回复展示效果

温馨提示：
（1）消息自动回复暂不支持网页地址消息回复；
（2）消息自动回复只能设置一条信息回复。

1.4.4 自定义菜单

1.4.4.1 自定义菜单使用说明

1. 自定义菜单介绍

公众号可以在会话界面底部设置自定义菜单，菜单项可按需设定，分两级菜单，一级菜单可多添加3个，并可为其设置响应动作。用户可以通过点击菜单项，收到设定的响应，如收取消息、跳转链接。如图1-45所示。

图1-45 自定义菜单展示

2. 自定义菜单开通方法

进入微信公众平台，点击功能——自定义菜单，即可开启。

3. 自定义菜单设置方法

进入微信公众平台，点击功能——自定义菜单——添加菜单，点击"+"号，添加子菜单，设置动作，发布即可。

（1）最多添加3个一级菜单，一级菜单名称不可多于4个汉字。
（2）每个一级菜单下的子菜单最多可创建5个，子菜单名称不多于8个汉字。
（3）在子菜单下可设置以下功能：

发送信息：可发送信息类型包括文字、图片、语音、视频和图文消息等。但未认证订阅号暂时不支持文字类型。

跳转到网页：全部公众号均可在自定义菜单中直接选择素材库中的图文消息作为跳转到网页的对象。认证订阅号和服务号还可直接输入网址。

温馨提示：

编辑中的菜单不会马上被用户看到，点击发布后，会在 24 小时后在手机端同步显示，粉丝不会收到更新提示，若多次编辑，以最后一次保存为准。

1.4.4.2 自定义菜单编辑方法

进入微信公众平台，点击功能——自定义菜单——菜单管理，点击"＋"号，设置动作，发送信息，如文字、网页、图片和图文信息。如图 1-46 所示。

温馨提示：

（1）自定义菜单支持设置文字、网页链接、图片以及图文信息。

（2）纯文字最多可以输入 600 字。

（3）目前非认证订阅号获得自定义菜单后，暂不支持设置纯文字动作。

（4）网页转跳：目前非认证订阅号，自定义菜单动作仅支持跳转至图文链接，不支持跳转至其他网址链接。

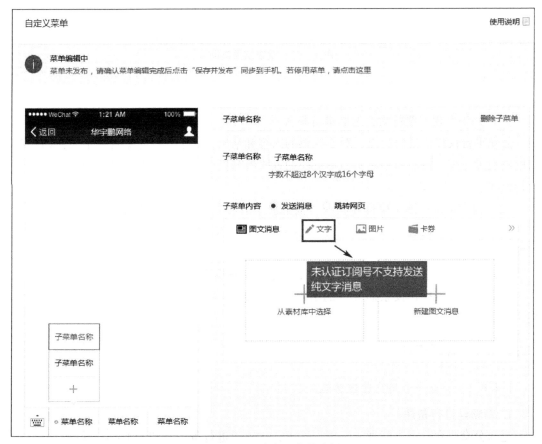

图 1-46 自定义菜单编辑

1.4.5 投票管理

1.4.5.1 投票功能

投票功能可为公众平台的用户提供有关比赛、活动、选举等的投票，帮助用户收集粉丝意见，例如：××宝宝大赛，可以提供参赛者信息给粉丝，让粉丝参与投票。

1.4.5.2 查询投票结果

进入公众平台，点击功能——投票管理，查看投票标题以及内容。如图1-47所示。

温馨提示：

同一个投票模板在各个渠道、不同图文中的投票结果也会累计。（同一投票模板、同一个微信用户仅支持投票一次）

图1-47 投票结果查询

1.4.5.3 常规问题处理

（1）如果发现刷票行为，怎么进行举报投诉？

公众平台仅提供投票功能，对于投票的内容和结果，属于公众号运营者个人，如发现微信用户通过作弊、造假等不诚实、不道德的方式参与投票，造成错误结果，公众号运营者要自行核实。

（2）投票信息在图文里打开提示"很抱歉，请在手机微信登录投票"，如何处理？

目前暂不支持通过电脑或者手机浏览器打开投票选项的图文消息，请通过微信客户端进行投票。

（3）粉丝进行投票，提示"投票过于频繁，请稍后重试"，如何处理？

这是由于频繁操作投票而导致的结果，建议不要频繁进行投票，应更换时间段再尝试使用。

1.4.6 管理模块

1.4.6.1 公众平台用户管理功能

1. 对粉丝进行备注

进入公众平台，点击管理——用户管理，对粉丝进行备注。如图1-48所示。

温馨提示：

（1）粉丝修改备注，点击"修改备注"即可修改。

（2）微信公众平台分组中粉丝的排序是根据粉丝加入此分组的时间排序的，关注时间越晚的粉丝会排列在前。

图1-48　公众平台用户管理

2. 对已关注的粉丝进行管理分组

进入公众平台，点击管理——用户管理——新建分组。如图1-49所示。

温馨提示：

（1）分组名称只支持设置1~6个字符；
（2）用户管理不支持显示粉丝微信号，一个用户只能放入一个分组中；
（3）目前公众平台粉丝分组最高可以设置100个分组；
（4）点击新建分组，可以重新对该组别命名；
（5）如需删除分组，在用户管理中进入需要删除的分组，点击"删除"即可。

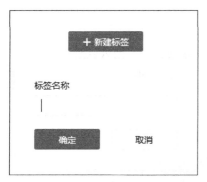 

图1-49　用户分组

1.4.6.2　公众平台消息管理功能

1. 查看用户消息

进入公众平台，点击管理——消息管理，就可查看用户消息。

微信公众平台"消息管理"页面内展示的是粉丝发送过来的5天内的消息。在此可以查看粉丝发送过来的即时消息，直接回复粉丝。如图1-50所示。

温馨提示：

回复消息每天没有上限；

图1-50 消息管理界面

2. 搜索消息

在搜索输入框中，输入关键字即可搜索消息。

1.4.7 数据统计分析

1.4.7.1 公众平台数据统计消息分析模块

1. 消息分析查看方法

在微信公众平台，点击数据统计——消息分析，即可查看粉丝人数的变化、当前公众平台粉丝的分布情况。

2. 消息发送

昨日关键指标模块：此模块针对昨天粉丝主动发送消息的人数、次数变化，以及与前天、7天前、30天前进行对比，有日、周、月的百分比变化数据可以查看。

关键指标详解趋势图：在此图中可选择7天、14天、30天或某个时间段的消息发送人数（发送消息的人数）、次数变化。如图1-51所示。

指标说明：

（1）消息发送人数：关注者主动发送消息的用户人数；

（2）消息发送次数：关注者主动发送消息的总次数；

（3）人均发送次数：消息发送总次数÷消息发送的用户人数。

3. 关键指标更新时间

每日数据统计截至24时，在第二天中午12时前显示昨天统计的数据。

1.4.7.2 公众平台数据统计用户分析模块

1. 用户分析模块查看方法

进入微信公众平台，点击统计——用户分析——用户增长/用户属性，即可查看粉丝人数的变化、当前公众平台粉丝的分布情况。

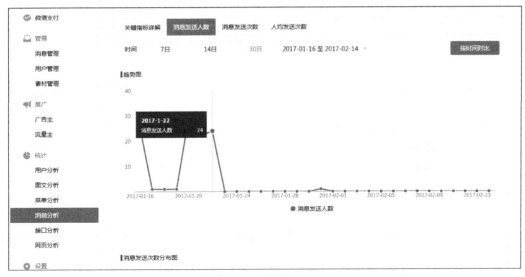

图 1-51　消息分析模块

2. 用户增长说明

进入微信公众平台，点击统计——用户分析——用户增长，即可查看粉丝人数变化情况。如图 1-52 所示。

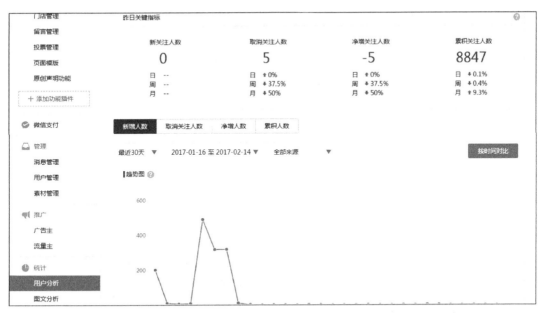

图 1-52　用户增长说明

（1）昨日关键指标模块：此模块针对昨天的关注人数变化，以及与前天、7 天前、30 天前进行对比，体现日、周、月的百分比变化。

（2）关键指标详解趋势图：在此图中，可选择 7 天、14 天、30 天或某个时间段的关注人数变化，也可以选择按时间对比。

(3) 指标说明：

新关注人数：新关注的用户数；

增长来源统计：可按照全部来源、搜索公众号名称、搜索微信号、图文消息右上角菜单、名片分享、其他来源查看新关注人数；（其他来源：通过二维码关注）

取消关注人数：取消关注的用户数（不包括当天重复取消关注的用户）；

净增关注人数：新关注与取消关注的用户数之差；

累积关注人数：当前关注的用户总数。

3. 用户属性说明

(1) 微信公众平台所有用户会按性别、语言、省份的分布情况进行统计，如图 1-53 所示。

(2) 性别分布：按男、女和其他分类；

(3) 语言分布：按简体中文、繁体中文、英文、未知分类；（指粉丝手机上设置的语言类型）

(4) 省份分布：按省份、未知城市分类；（指粉丝微信注册 IP 归属地）

(5) 终端分布：查看用户使用的手机终端；

(6) 机型分析：针对使用的手机机型展示排名前 10 位的手机。（显示 Apple – iPhone4；1，位数 4 指的是 iPhone 版本，位数 1 指的是苹果公司内部版本号）

省份	用户数
广东省	12490
未知地域	7150
河南省	2247
山东省	2025
江苏省	1499
湖南省	1022
河北省	983
广西	978
浙江省	907
山西省	853

图 1-53 用户属性分析

4. 关键指标更新时间

数据统计截至每日 24 时，在第二天中午 12 时前显示昨天统计的数据。

第2章

微信文章编辑器

微信团队在 2017 微信公开课 PRO（Professional 的缩写，意思是专业的、职业的）版上发布了《2016 微信数据报告》。报告中显示，微信 9 月平均日登录用户达到 7.68 亿，50%的微信用户每日使用微信长达 90 分钟。面对如此庞大的用户群，如何有效地去运营好微信公众号来吸引用户关注，这是每个微信运营者都要思考的问题。这一章主要介绍微信文章写作时人们可以用来辅助编辑的第三方编辑器。

2.1 常见的第三方微信文章编辑器

随着微信用户增多以及注册微信公众平台的各大机构增加，微信公众平台所提供的图文信息编辑功能已经过于简单，用户也不想每日都看编辑得很粗糙的文章，所以微信文章编辑器应运而生。

微信文章编辑器是一款专业强大的微信公众平台在线编辑排版工具，让用户在微信图文、内容排版、文本编辑、素材编辑上更加方便。其样式丰富，用户可用秒刷，一键排版，轻松编辑非常美观的微信图文消息。

现在比较常见且用户比较常用的微信文章编辑器有 135 编辑器、秀米编辑器、小蚂蚁编辑器、96 微信编辑器，等等。每一个编辑器的功能大同小异，都是主要用于微信文章的排版，只是一些简单的功能上有差别，用户可根据个人使用的习惯来做选择。如图 2-1 所示。

2.2 常见第三方微信文章编辑器的使用

135 编辑器（以下简称 135）是一款在线图文编辑工具，为了方便大家使用，135 提供了丰富的功能，包括一些免费功能和付费功能。绝大部分的免费功能已经足以让各位小编排版设计出十分美观的微信图文信息并推送。

微信文章编辑器有很多个，用户可以根据习惯进行选择，这里以 135 编辑器为主，简单介绍微信文章编辑器的具体使用方法。

图 2-1　常见的微信文章编辑器

2.2.1　编辑器的界面介绍

注册登录 135 编辑器后,编辑界面(编辑器的界面简称编辑界面)从左到右依次是菜单栏——样式区——编辑区——操作区。如图 2-2 所示。

在编辑界面的素材库栏目,可以点击进入样式中心,挑选你觉得合适有用的样式收藏起来,可用于编辑微信文章。如图 2-3 所示。

2.2.2　主要排版功能介绍

135 编辑器提供了三种非常便捷的排版方式供用户使用。

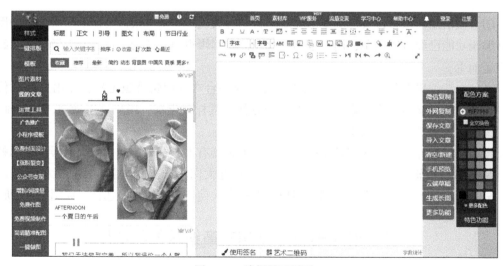

图 2-2　编辑界面展示

1. 秒刷

这是一种颠覆传统的排版方式,只要选中内容,点击样式,即被套上样式。选中你想编辑的文字或图片,或是两者兼有,再从左边的样式区点击你想用的样式,即可编辑。如图 2-4 和图 2-5 所示。

第 2 章　微信文章编辑器

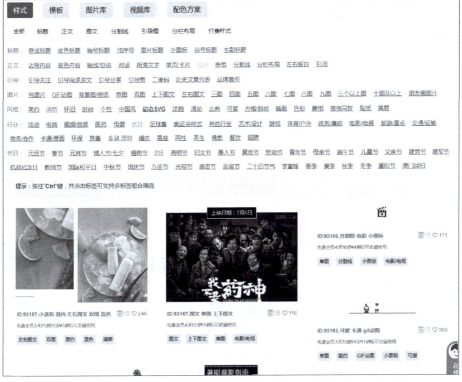

图 2-3　样式中心展示

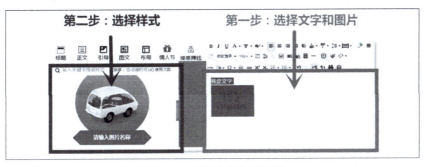

图 2-4　秒刷功能使用步骤

图 2-5　秒刷功能效果展示

2. 插入排版

用户可以随心所欲地从样式区选择喜爱的样式，插入编辑区，再进行文字编辑。如图2-6所示。

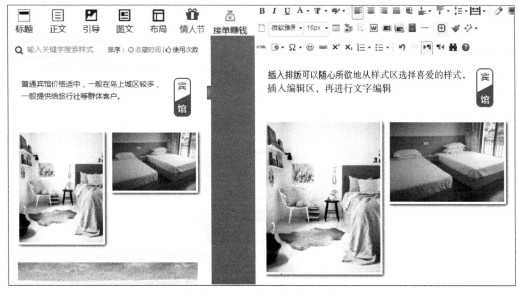

图2-6　插入排版效果展示

3. 一键排版

这是可极大地节省排版时间的一种排版方式，与秒刷类似，用户先设置好参数，针对整篇文章进行样式排版。如图2-7和图2-8所示。

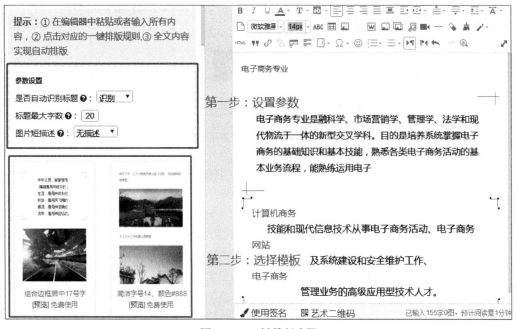

图2-7　一键排版步骤

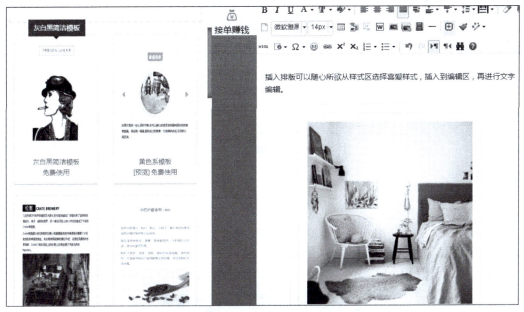

图 2-8　一键排版效果

2.2.3　便捷功能介绍

1. 文档导入

用户可直接将 Word 文档导入编辑器进行编辑，方便快捷，此功能只对付费会员开放，导入文档前需先清空编辑器里的内容。如图 2-9 所示。

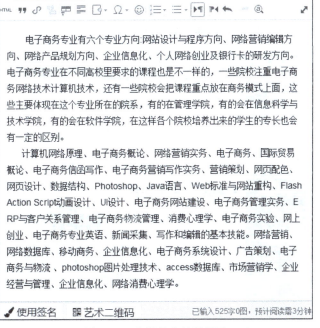

图 2-9　文档导入效果展示

2. 自定义样式

所有用户都可以保存自己觉得不错的样式到个人模板里面。保存后可以到左边菜单栏的模板查看样式。如图 2-10 所示。

图 2-10　自定义样式保存

3. 微信同步

公众号授权 135，可以将保存在 135 的图文直接同步到微信，而无须再去复制粘贴，操作更方便。首先把公众号授权 135，然后在走边菜单栏——我的文章里选择图文同步，确定后添加图文信息到微信公众号素材管理。如图 2-11 所示。

图 2-11　微信同步步骤

4. 样式颜色改变

用户可以通过编辑界面右边的配色方案，进行样式的颜色改变，图片样式无法更换色彩。如图 2-12 所示。

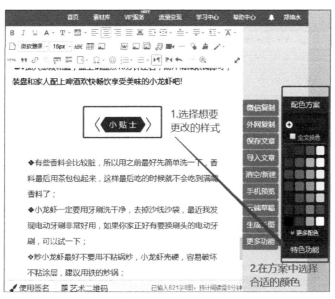

图 2-12　样式颜色改变步骤

5. 样式区

在样式操作栏，用户可以直接选择各种样式。更有各种样式分类，可以帮助用户更加快速地查找选择所需的样式。更多样式可以去样式中心收藏添加。如图 2-13 所示。

图 2-13　样式区展示

6. 生成长图

在135编辑的图文可直接生成长图,用于转发到微信微博等各大平台。在编辑界面右边的操作区有更多功能,可以选择生成长图。如图2-14所示。

图2-14 生成长图展示

7. 样式嵌套

135在一个样式中嵌套了另外一个样式,打破了样式单调的格局,每个人都可以自己去创新,去设计自己的样式。样式嵌套的数量不受限制,用户可随个人的审美进行排版。如图2-15所示。

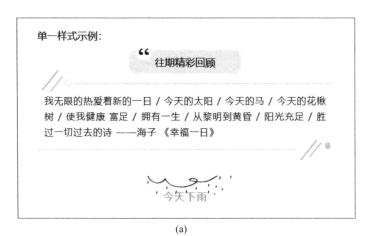

(a)

图2-15 样式嵌套展示

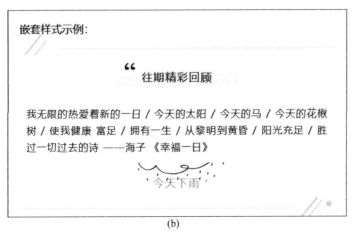

(b)

图 2-15 样式嵌套展示（续）

8. 样式复制到微信

有时人们只是对已经编辑好的微信文章做简单的局部修改，所以无须用微信同步这么麻烦的功能，可以在编辑区先编辑好内容，再通过操作区的微信复制功能复制内容，然后在微信公众平台进行粘贴就好。如图 2-16 所示。

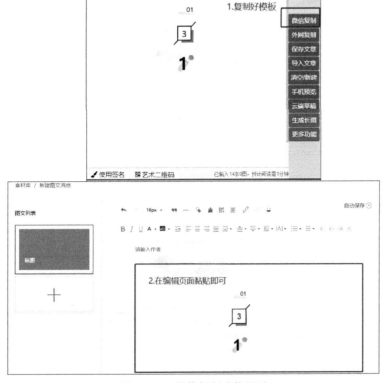

图 2-16 微信复制功能展示

2.2.4 简单排版教程

化了妆的妹子就好像排了版的文章，给人一眼看去非常舒服的感觉。如果说标题能吸引读者点开文章，那么，好的排版就可留住读者继续阅读，所以，保持优美的排版也会增加用户黏度。

2.2.4.1 排版的目的

1. 辅助阅读

排版可以使内容更容易、更有条理地被读者接受，更容易传达作者的意图。可以使文章整洁有序、段落清晰和重点突出。

2. 辅助体验

排版可以给读者带来愉悦、舒适的视觉享受，带来体验的美感。

2.2.4.2 排版技巧

1. 排版技巧——字体

选择字体注意以下几点：

（1）不同类型的文章需要不同的字体表达，比如古诗词，用手写体或者楷体就较合适，用微软雅黑或者黑体就不搭配。如图2-17所示。

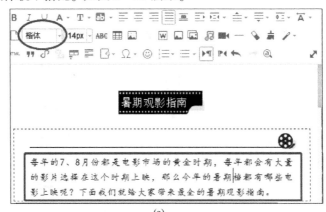

(a)

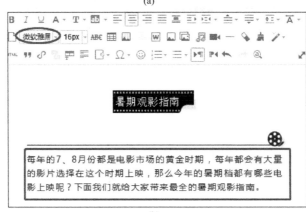

(b)

图2-17 字体选择展示

(2) 同一篇文章的字体种类不宜过多，一般不超过三种。如需要变换，尽量采用同一字族字体，如叶根友钢笔行书等。

(3) 同一种字体的不同处理方式：一般采用加粗、颜色、大小、斜体（一般是英文）。

2. 排版技巧——字号

字号过大或过小都会影响阅读，太小，需要放大镜；太大，占用空间太多，但比较适合老年群体。

要选择合适的字号，可参考以下几点：

（1）标题：16px、18px、20px；

（2）正文：14px、16px；

（3）注释：12px、14px。

3. 排版技巧——行距

行距就是正文中每行文字之间的距离。行距控制得好，可以让大脑更轻松地识别文字内容，这也符合人们的阅读习惯。目前最常见的行距选择数值是 1.5 和 1.75。1 倍行距较为拥挤。如图 2-18 所示。

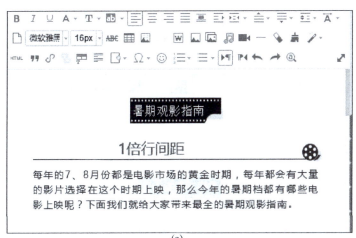

(a)

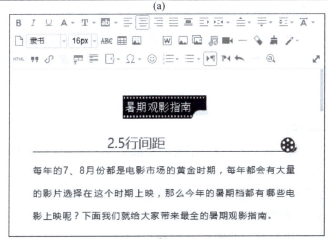

(b)

图 2-18　正文行距效果展示

4. 排版技巧——行宽

行宽是指一行文字的宽度。行宽对阅读的记忆是有影响的，人们的视线移动呈"Z"字形，合适的行宽可以有效地避免大脑对多余信息的处理。每篇文章都可以设置左右留白，行宽值小，简单易读，易形成独特的小清新风格。

5. 排版技巧——首行缩进和段间距

区分段落与段落之间的距离，可以采用首行缩进和段间距两种方式。如图 2-19 所示。

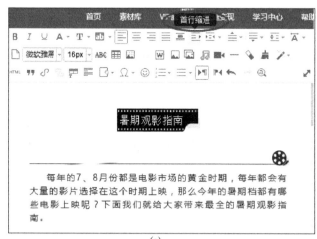

图 2-19　段落处理方式

6. 排版技巧——图片

有时候网络不好，打开一篇文章，半天图片都显示不出来，那就是因为图片太大了。图片排版可参考以下几点：

（1）封面图片尺寸大小：宽 900px，高 500px，显示效果最好。

（2）图片大小：静态图 100k，动态图 500k；

（3）图片格式：GIF 格式更清晰；

（4）压缩图片网站：推荐腾讯「智图」。

现在 135 编辑器拥有图片库，内有大量免费高清图片。如图 2-20 所示。

图 2-20　135 编辑器图库

135 编辑器直接链接了美图秀秀，可以进行缩放、裁剪、旋转、翻转、锐化、图片滤镜、多图拼贴等操作。

7. 图文排版细节处理

微信的编辑后台是一个网页编辑器，就是如果直接拷贝粘贴，就会带着原来的格式。

无论你的原文是放在 Word 文档还是网站上，文本里的每一个字都指定了大小、粗细、颜色、字体。你如果不看代码，是不知道的。但是，一旦你直接拷贝粘贴过来，就会带着原有的所有格式。而那些格式，很可能根本不适合手机，也不适合微信。

135 编辑器有一个清除格式按钮，可以一键清除文章格式。如图 2-21 所示。

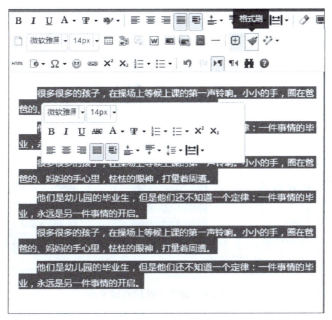

图 2-21　格式刷

第3章 微信商城

3.1 认识微信商城

微信本来是一款手机端的社交平台,自从微信公众平台诞生后,短短两年时间就突破了6亿用户,这样的惊人数据吸引着无数商家的眼球,庞大的人群后面隐含着巨大的商机,所以,腾讯公司推出微信电商服务产品——微信商城,助力企业开启微营销。从此微信异样地火爆起来,成为许多商家的一种营销方式。

微信商城系统是第三方平台基于微信而研发的一款社会化电子商务系统,同时又是一款传统互联网、移动互联网、微信商城、APP商城一体化的企业购物系统。常见的微信商城系统平台有微店、有赞(有赞商城的简称)、拍拍小店、微盟、口袋(口袋购物的简称)等。如图3-1所示。

图3-1 常见的微信商城平台

3.2 微店、有赞商城的优势以及区别

微信商城从出现到现在，商家们用得比较多的还是微店以及有赞，它们都有各自的优势以及缺点。

微店上手很容易，界面也很好看。有赞功能性很强，界面也很漂亮，还可以自定义，但因为其功能性强加上需要和微信绑定（微店不需要），所以前期起步很难。后来有赞推出服务商的考核，也是为了很好地解决这个问题。微店与有赞的对比如图3-2所示。

图3-2 微店与有赞的对比

3.2.1 有赞

有赞专注粉丝效益，其互动游戏和代付/送人/心愿等丰富的功能，为品牌带来较强的粉丝黏度。近期开通了有赞分销，分销联盟也将开放。进驻分销市场需要缴纳1000元保证金。适合品牌型的电商企业运作。

有赞可以跟公众号深度绑定营销，基本上公众号运营得好的，商家基本的选择是有赞，因为有赞在工具这个领域更加专业。

3.2.2 微店

微店最大的亮点在于其开店的方便性和操作的简单性。一个手机号即可开店，其类目大多集中在服装、鞋靴、箱包等较为传统的类目，粉丝互动性较弱。进驻分销市场需要企业执照与法人信息，不需保证金。适合重销量的电商运营。

微店目前只适合交易，纯买卖，微店可以通过报名参加活动的方式获得流量支持，适合刚起步以及没有多少用户资源的商家使用。

3.3 有赞商城的使用方法

有赞商城面向线下实体门店和线上传统电商，基于SaaS（软件即服务）模式，通过自建商城，提供粉丝经营、在线互动营销、商品销售、线上线下打通、开放数据等体系化服务，是企业通过互联网化经营的强大的生产工具。

有赞旗下有有赞微商城、有赞收银、有赞供货商、有赞微小店、有赞批发等产品，提供线下门店O2O（Online to Offline，线上到线下）解决方案。有赞可帮商家快速对接微信小程序，无须单独开发。有赞官网如图3-3所示。

本小节针对微信商城进行详细的功能介绍，下面介绍所用到的工具均以有赞为主。

图 3-3　有赞官网

3.3.1　有赞商城注册

使用有赞时需注册官网账号，登录有赞官网（www.youzan.com），点击官网首页右上角的注册，填写信息资料即可，已有账号的用户可直接登录。如图 3-4 和图 3-5 所示。

图 3-4　有赞注册界面

第 3 章 微信商城

图 3-5 有赞登录界面

3.3.2 有赞微商城创建

登录有赞官网后，页面会直接跳转到有赞微商城的创建页面，已创建微商城的用户即跳转到有赞微商城系统后台。如图 3-6 所示。

图 3-6 有赞微商城创建界面

第一步：点击创建店铺，填写店铺具体信息资料，公司营业执照名称可不填，但假设是公司，而且有开拓渠道的话，填上最好，其他情况可忽略不填。如图 3-7 所示。

图 3-7 创建店铺第一步

第二步：有赞微商城为用户提供了数种微商城模板，用户只需按照自身的要求，选择模板即可。如图 3-8 所示。模板可以通过微信扫码的方式查看详情。如图 3-9 所示。

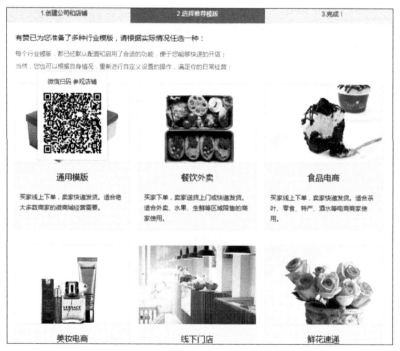

图 3-8 店铺选择模板

第三步：确定你所需的模板，点击确定后，即创建好有赞微商城店铺。如图 3-10 所示。如果想把有赞微商城店铺对接到公司的微信公众号上，请参看接下来的微商城后台功能介绍。

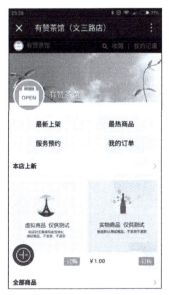

图 3-9　模板说情预览

图 3-10　创建好有赞微商城

3.3.3　微商城后台功能介绍

有赞是一个通用的平台，适合不同行业的企业和商家来入驻，运营自己的产品，除了法律规定禁止出售的物品外，大多数物品都可以通过平台来出售。人们较为熟悉的有千机网和良品铺子手机商城。如图 3-11 所示。

有赞的操作后台十分简洁，功能类目分布鲜明。有赞在微信、微博等交流工具上提供了一系列的粉丝营销和店铺交易系统，有助于用户利用店铺后台数据针对特定粉丝进行进一步开发。

图 3-11 微商城案例展示

在后台首页,商家可直接明了地看到店铺概况,有商品交易详情、订单数量、交易额以及常用的功能板块。在后台页面的左侧还有导航栏,包括店铺管理、商品管理、订单管理、客户管理、数据管理以及商家店铺信息设置等功能类目。如图 3-12 所示。

图 3-12 店铺后台展示

3.3.4 微商城店铺管理

3.3.4.1 有赞微页面

在有赞微商城的左侧导航栏的店铺类目中可以看到店铺概况，用户可对自身店铺有一个大概了解。有赞微页面的功能则是对店铺页面进行优化编辑。如图3-13所示。

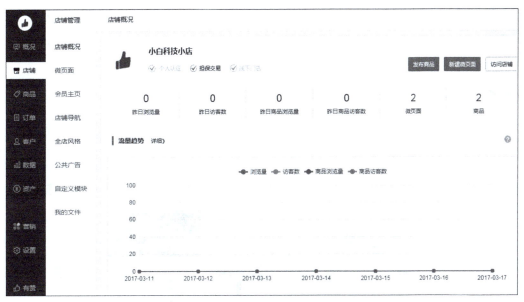

图3-13 店铺管理界面展示

有赞微页面是可以自定义编辑的页面，可以当做普通的页面来使用，也可将任一微页面设为店铺主页。店铺主页是店铺的门面，类似手机淘宝的首页，好的店铺主页可以吸引粉丝的浏览兴趣，让粉丝们快速地找到自己想要买的商品，给粉丝带来良好的购物体验，实现高的转化率。

微页面有三种模板类型：基础模板、场景导航、主页模板。

1. 基础模板

其完全空白，提供自定义模板、新品推荐、新鲜资讯等功能，适合有自身店铺装修风格以及拥有店铺页面美化功底的商家使用。

2. 场景导航

用精美图片和音乐来介绍商家的品牌和商品。

3. 主页模板

有赞微商城提供简单的框架模板，商家可根据自己的要求，更换海报展示以及商品。

3.3.4.2 主页页面设置

第一步：直接编辑现有的店铺主页，或新建一个微页面进行装修（就是编辑），装修好了，再设置为店铺主页。如图3-14所示。

第二步：根据商城的需要，在众多模板中选择合适的模板，点击使用。如图3-15所示。

图 3-14 微页面的创建

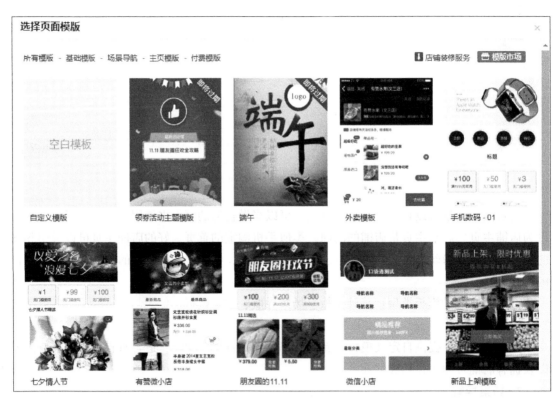

图 3-15 选择模板页面

第三步：根据店铺需求以及店铺装修风格，对店铺进行装修。如图 3-16 所示。

温馨提示：

在进行店铺主页页面装修时，最好养成边装修边保存的良好习惯，有时可以避免一些意外情况。

店铺主页底下还有功能组件可以添加，商家可按需求来优化自己的微商城主页，装修好后，点击上架即可。如图 3-17 所示。

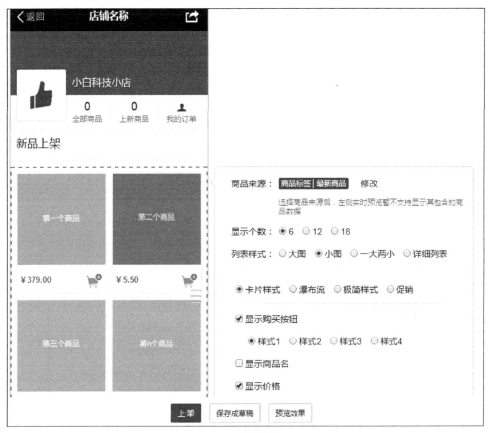

图 3-16 店铺装修页面

图 3-17 店铺主页功能组件

3.3.4.3 微页面分类设置

微页面分类体现在手机端是一个微页面列表页。在店铺主页、微页面等任何页面都可以添加微页面分类。

点击新增页面分类——填写该分类名称——选择排序方式——选择展现方式（分为杂志列表和期刊方式展现）——添加分类简介；（方便自己分辨分类内容）

新建好的微页面分类列表，可编辑、删除。如图3-18所示。

图3-18　页面分类设置展示

3.3.5　商品管理

发布商品路径：有赞微商城后台——商品——发布商品。如图3-19所示。
发布商品有以下三个步骤。
第一步：选择商品品类；
第二步：编辑基本信息；
第三步：编辑商品详情（上传商品详情信息以及图片）。

图 3-19 发布商品路径

1. 选择商品品类

官网可选择的商品类目及类目明细大致有女人、男人、居家、数码家电，等等，商家按自己的商品做选择，选择好后，点击下一步即可。如图 3-20 所示。

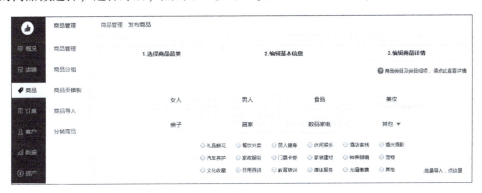

图 3-20 选择商品品类

2. 编辑基本信息

选择好商品品类后，即可填写商品的基本信息，如商品的码数、颜色、主图，等等。如图 3-21 所示。

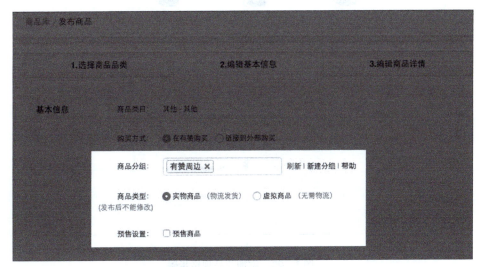

图 3-21 填写商品基本步骤

（1）商品分组可以帮商家更好地管理商品；

（2）微商城可发布虚拟商品；

（3）商品规格可以自定义，直接在选框中输入商家想要的规格文字；

（4）商品规格可以加对应规格图片，勾选添加规格图片，目前仅第一组规格支持规格图片；

（5）商家编码可以不填写。

有时商品可能有多种规格，有赞微商城也可以添加多种商品规格。添加步骤如图 3 – 22 所示。

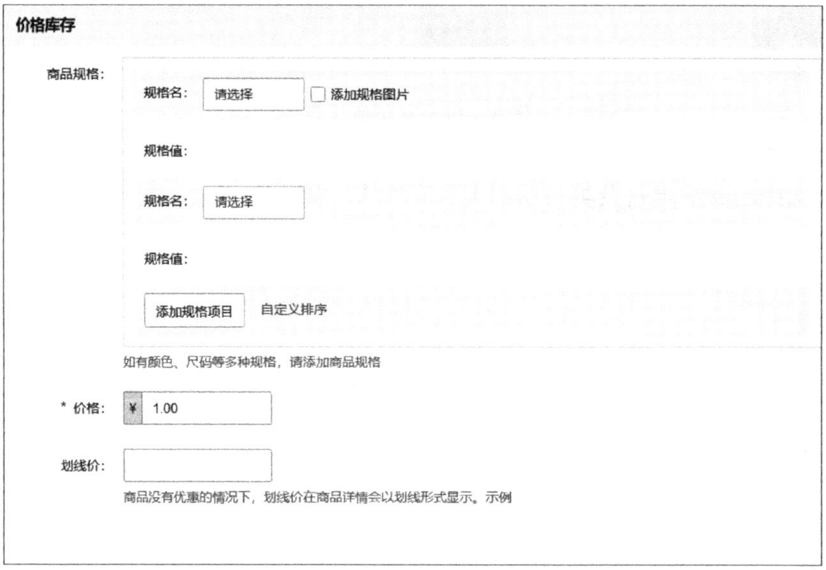

(a)

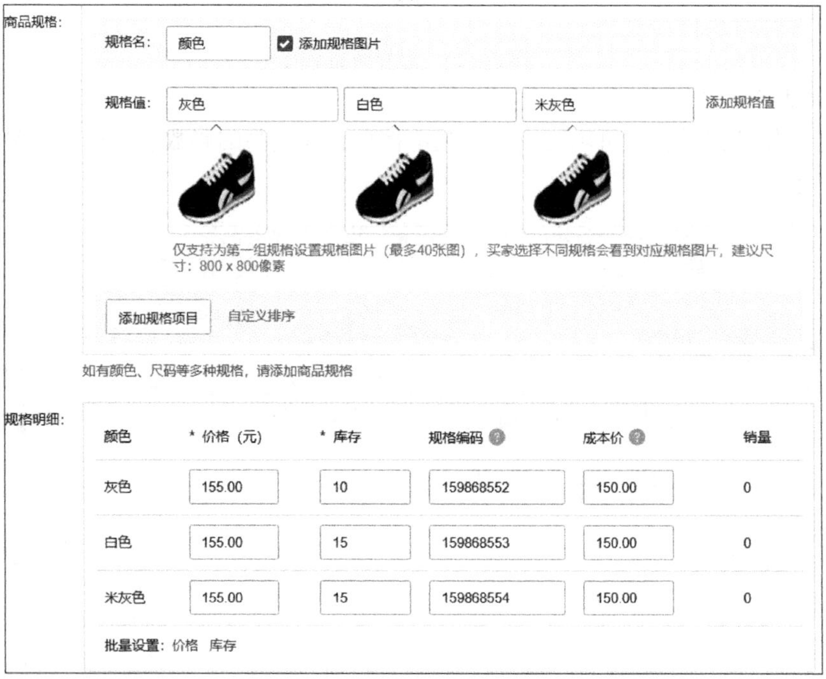

(b)

图 3 – 22　添加商品规格步骤

运费模板方便管理商家的运费方案。编辑好的商品基本信息大致如图 3-23 所示。

图 3-23 编辑好的商品基本信息

3. 编辑商品详情

（1）编辑好商品基本信息后，紧接着完善商品详情，编辑商品详情页面如图 3-24 所示。

（2）建议尝试一下每一个"添加内容"的组件，找到适合自己的，可以作出很棒的商品详情页。

（3）橱窗和魔方是一种比较先进的展现形式。

完成上述三个步骤，一个商品就上架啦！

3.3.6 数据管理

在有赞微商城后台，可通过数据管理，查看商城的访客数、订单量、交易额，等等，方便商家对商城运营有一个大致的了解，在往后的经营中对不足的地方加以改进，如图 3-25 所示。

1. 用户分析

主要包括粉丝增减趋势、粉丝分层统计、基本信息、行为统计等。

2. 流量分析

主要包括互动趋势统计、群发效果统计、页面流量统计。

图 3-24 编辑商品详情页面

3. 经营分析

主要包括商品统计、订单统计、扫码统计。

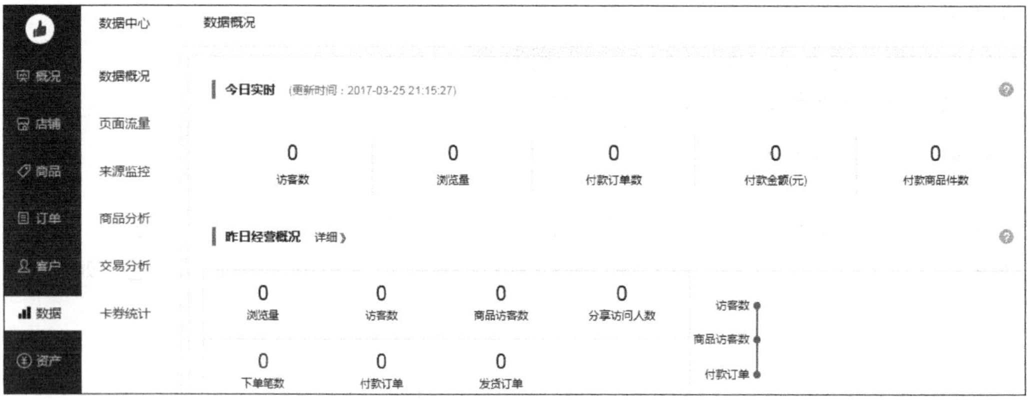

图 3-25 数据管理后台

第4章

易企秀

易企秀成立于2014年7月,隶属于北京中网易企秀科技有限公司,是一款为企业提供针对移动互联网营销综合服务的平台。企业通过易企秀可以简单轻松地编辑手机网页,制作出基于HTML5(超文本标记语言、编程语言)的精美手机幻灯片页面,将其分享到社交网络,通过报名表单收集潜在客户的信息或其他反馈信息。

4.1 账户的注册及登录

首先登录易企秀网址(www.eqxiu.com)进入官网首页。(为了获得更好的体验,建议用户使用谷歌浏览器)在这里,没有使用过易企秀的用户可先注册一个账号,如图4-1所示,点击右上角的"注册",用户可以使用手机号注册。用户还可以直接点击右上角的"登录",然后点击选择第三方平台微信或者QQ,直接登录易企秀。

图4-1 易企秀首页

4.2 管理账号

登录成功之后进入个人中心首页，点击右上角头像，进入用户中心，进行用户设置。如图 4-2 所示。

图 4-2 用户中心

在此页面，左上方为用户个人基本信息，用户可以点击"编辑信息"编辑昵称、性别、联系地址等个人信息；右上方为个人收支情况，在此可以进行"转送秀点""充值秀点""开具发票"以及"提现"等操作。

页面下方有"账号安全""交易查询""发票管理""优惠券""认证中心""回收站"六大模块，如图 4-3 所示。

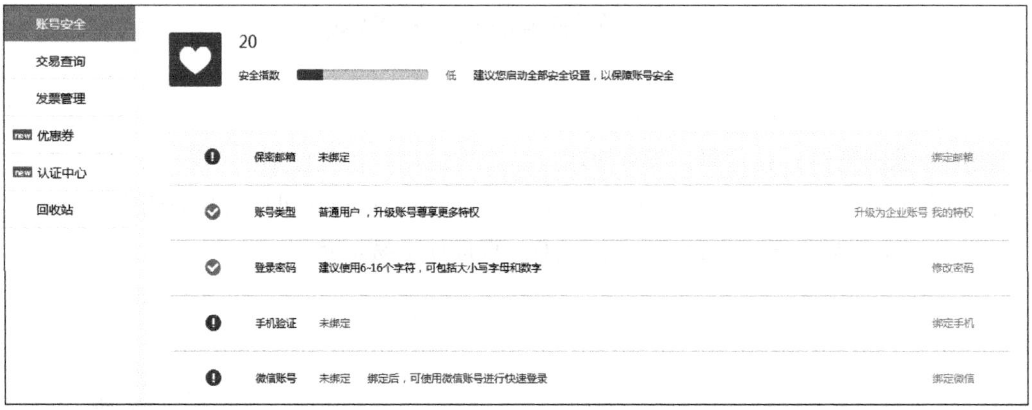

图 4-3 六大模块

4.2.1 账号安全

在此模块中，用户可以看到账号的安全指数、保密邮箱、账号类型、登录密码、手机验证、微信账号、QQ 账号、论坛账号等信息，用户可进行编辑。建议用户绑定邮箱及手机号等，方便以后如果账号丢失，可找回账号。

4.2.2 交易查询

用户在此页面可以查看具体的收支明细以及充值记录，可选择查看某一时间段的交易记录。

4.2.3 发票管理

用户在此页面可以查看发票开具订单、发票开具进度、收件地址管理以及增票资质审核等记录。

4.2.4 优惠券

用户在此页面可以查看自己的优惠券，其中包括可用优惠券、已用优惠券以及过期优惠券。

4.2.5 认证中心

认证中心分为基础认证以及身份认证两个模块，如图4-4所示。

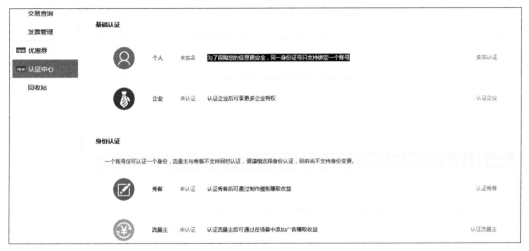

图4-4 认证中心

在基础认证中，分为个人和企业两种认证。其中，个人认证是为了保障用户的信息更安全，而且同一身份证号只支持绑定一个账号；企业认证后可获得更多的企业特权。

在身份认证中，分为秀客和流量主两种认证。其中，秀客认证后可通过制作模板赚取收益，而流量主认证后可通过在场景中添加广告赚取收益。

4.2.6 回收站

用户在此页面可以查看自己回收过的场景以及素材。但该功能只为企业付费用户专享，若用户需要使用，可升级账号。

4.3 认识管理后台

易企秀的管理后台如图4-5所示，上方为功能模块导航栏，中间为个人数据，下方为我的特权。

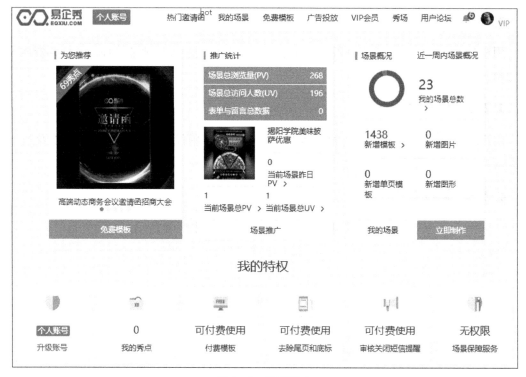

图4-5 管理后台

4.3.1 功能导航栏

4.3.1.1 专题模块

此功能模块是易企秀官方在各时间段、各节日或者有某新闻热点时为用户推荐的专题模板。

4.3.1.2 我的场景

此功能模块主要展示用户个人保存过的所有场景,在此页面,用户可以进行管理分组,也可进行场景搜索或者设置列表展示或橱窗展示。

如图4-6所示,在保存过的场景中,用户可以选择预览、编辑、详情。其中,左上角"未发布"为场景的当前状态,"商业邀请函"为场景的标题,标题下的数字为访问量,点击可查看具体的数据,底部依次为场景的二维码、删除、复制、转送、发布以及设置功能,用户可点击进行操作。

如图4-7所示,在此页面中,用户也可以制作场景,点击"场景"中的"+制作场景",进入"免费模板"页面;在此页面中可以进行"轻设计",其中包括"礼品定制""线上营销""广告印刷",用户点击其中一个,便可进入轻设计页面进行DIY[①]轻设计,也可在系统提供的模板中心选择自己心仪的模板进行编辑。

---

① DIY 是 Do It Yourself 的缩小,最初兴起于电脑的拼装,后逐渐演绎成一种流行的生活方式。简单地说,DIY 就是自己动手制作,没有专业资质的限制,想做就做。

图 4-6 保存的场景

图 4-7 制作场景

4.3.1.3 免费模板

如图 4-8 所示,在此功能模块中,用户可以选择模板场景进行编辑,也可自己创建一个空白场景。

图 4-8 免费模板

页面的顶部为搜索框。在此搜索框中,用户可以搜索自己想要的模板、素材、设计师等，而搜索框下方会显示最近的热门搜索。

中部为各种模板场景的分类。优惠券专区为最近热门的优惠券场景专区；全部模板则为易企秀中的所有场景，有各种分类可进行筛选，用户可以根据自己的需求选择适合的场景进行编辑，其分类包括以下几种：

1. 企业用途

包括邀请函、会议、公司介绍、招聘、招商、活动、产品促销、新品发布、企业文化、企业报表、众筹、培训、宣传、预约报名、年度盘点、祝福问候、年会、微杂志、周年庆典等场景。

2. 个人用途

包括相册、婚礼、生日、贺卡、简历、游记、心灵鸡汤、周岁、满月、纪念、个人秀、征婚、同学会、资讯、心情、星座、表白、职业、高考、毕业季、开学季等场景。

3. 行业

包括教育、电商、金融、旅游、婚庆、互联网、家居、饮食、公益、法律、政府、影视、农业、音乐、设计、汽车、运动、娱乐、美妆、房产、艺术、母婴、自媒体、通信、服饰、餐饮、零售、数码、媒体、商业等场景。

4. 节假日

包括五一、春季、母亲节、二十四节气、妇女节、情人节、清明节等场景。

另外，还有以下几种模板分类：

（1）价格：包括全部、免费、1～10秀点、11～20秀点、21～50秀点、>51秀点以及秀点区间；

（2）排序：包括最近更新、价格由低到高、价格由高到低；

（3）模板专题：页面内专题模板为婚礼专场、教育专题、春季上新、官方推荐模板等。

4.3.1.4 场景推广

此模块为分为三个小模块：推广概述、推广资源和学习中心。

1. 推广概述

此页面详细地介绍了易企秀的推广概述。

（1）易企秀自营销推广平台：对用户提供低门槛的自助式推广服务；

（2）围绕企业自营销，门槛低：支持易企秀用户灵活便捷地推广各类商业场景；

（3）自助推广，减少中间环节：操作简单，可自行完成；广告推广，减少中间环节，节约成本，提高效率；先免费推广 H5 场景看看效果，效果好，再付费推广；支持场景统计与推广统计的结合，用户可自助详细了解推广数据，通过数据决策推广方案。

2. 推广资源

详细介绍了易企秀的各种推广资源。主要有朋友圈广告、手机 QQ 广告、移动联盟广告、手机腾讯网广告、手机 QQ 浏览器广告、亿级广告聚合平台，用户可根据自己的需求选择合适的推广方式。

3. 学习中心

为用户提供详细的推广方案操作指南。

4.3.1.5 会员特权

此模块介绍了易企秀账号的三种会员类型，分别为企业基础版、企业标准版和企业高级版。

1. 企业基础版（4500元/年）

此模块有逾4000元的功能配置，性价比超高；能全方位保证品牌在场景中的展示；可直接导入PSD，制作长页面等炫酷特效，可无限次使用；具有会员级保障开启、多种推广手段准入、全面数据分析及用户行为追踪的功能。

2. 企业标准版（6800元/年）

此模块有逾10000元的功能配置，奢华升级；具有精准数据分析、明晰用户画像及用户行为跟踪的功能；从制作到审核，速度翻倍，高效便捷；涵盖企业基础版的全部功能。

3. 企业高级版（15600元/年）

此模块有逾40000元的功能配置，给用户殿堂级的体验；涵盖100个子账号，适合那些业务覆盖全国的集团公司；从时间、传播层级等不同维度对数据统计做全面解析；涵盖企业标准版的全部功能。

每种会员类型的功能都各有所长，用户可根据自己的需求进行选择。

4.3.1.6 秀场

此模块是易企秀所有用户上传的各种场景，如图4-9所示。

图4-9 秀场

用户可直接搜索自己想要的场景或按条件筛选，主要包括：秀场、活动、推荐、行业、个人、企业、节假、风格、品牌、秀客等场景。

4.3.1.7 用户论坛

此模块是易企秀的用户论坛，如图4-10所示。

用户可自己在此模块发帖提问求救，也可解答其他用户的疑惑。同时，这里还有易企秀学院，易企秀学院提供了视频教程、图文教程、实例教程等，是易企秀与用户的交流平台。

4.3.2 个人数据

4.3.2.1 推荐场景以及样例中心

在此模块，用户可以看到易企秀官网推荐的各种场景及样例中心。

图 4-10 用户论坛

4.3.2.2 推广统计

在此模块，用户可以看到发布场景的总浏览量、总访问人数、表单和留言总数据等；还可以看到当前场景昨日的浏览量、总浏览量和总访问人数等，点击可进入查看具体的数据。

4.3.2.3 场景概况

在此用户可以看到我的场景总数、新增模块、新增图片、新增单页模板、新增图形，点击可进入查看具体内容，如图 4-11 所示。

图 4-11 场景概况

4.3.3 我的特权

我的特权模块如图 4-12 所示。

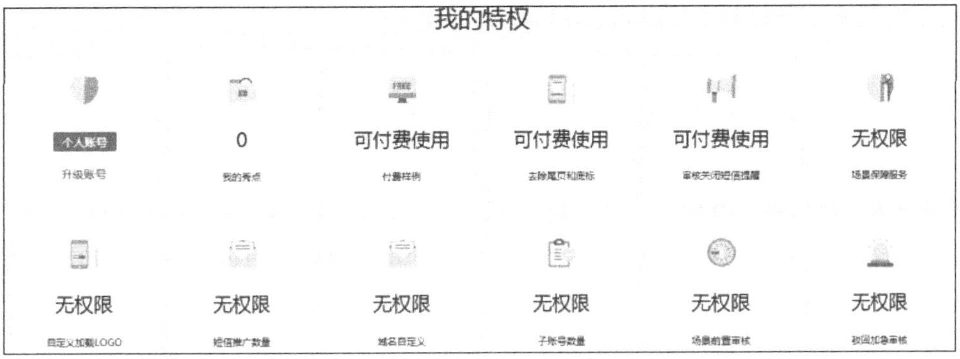

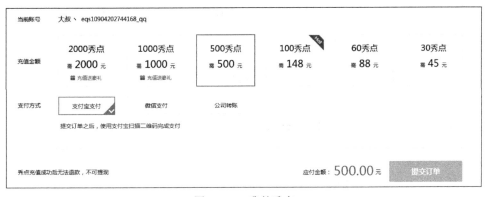

图 4-12 我的特权

4.3.3.1 个人账号、升级账号

用户可在此宣传是否升级企业账号，如升级企业账号，用户可获得更多超值赠送礼包、企业高级特权与服务等特权。

4.3.3.2 我的秀点

我的秀点是易企秀的虚拟货币，用户可用此购买样例及各类付费高级服务。秀点可通过充值获得，如图 4-13 所示。

图 4-13 我的秀点

4.3.3.3 付费样例

此页面有易企秀官方或用户提供的可套用性高的精品样例，用户可购买使用，升级付费账号也可获得多次免费使用特权。

4.3.3.4 去除尾页和底标

在此页面，用户可去除场景尾页及底部宣传标识，提高场景及品牌展示的聚焦度。

4.3.3.5 审核关闭短信提醒

开启此功能后，一旦发现场景有违规现象，易企秀会第一时间发送短信提醒用户，避免给用户带来不必要的损失。

4.3.3.6 场景保障服务

这是易企秀专门为用户打造的专属CDN（内容分发网络）加速及专属服务器服务，开启后可缩短场景打开时间并提高场景访问的稳定性。

4.3.3.7 自定义加载LOGO

在此页面，用户可将场景加载时的易企秀LOGO（标识、标志）更换为企业自有的LOGO，从而提升企业品牌的宣传曝光度。

4.3.3.8 短信推广数量

在此页面，用户可以给自己的客户以发送短信的方式推广自己的场景，可以自定义文案，让场景推广更便捷。

4.3.3.9 域名自定义

在此页面，用户可以定义自己场景的专属域名，提高场景的归属感及品牌宣传。

4.3.3.10 子账号数量

这是企业的专属特权，主账号可通过权限分配对子账号实现服务共享及企业营销管理。

4.3.3.11 场景前置审核

此页面提供分享前优先审核功能，避免用户在传播中因内容违规而被关闭，造成不必要的损失。每天最多可申请3次，每次间隔1小时。

4.3.3.12 驳回加急审核

一旦发现场景违规被关闭，用户调整后可申请加急审核，系统会优先处理。每天最多可申请3次。

4.4 案例详解

4.4.1 案例1 创建一个空白场景

点击"+创建一个空白场景"，进入场景编辑页面，如图4-14所示，上方为各组件导航栏，下方为场景编辑页面。

4.4.1.1 文本

点击"文本"，会在画布中出现一个文本框，可对文本进行编辑，如图4-15所示。

1. 双击文本框

双击文本框，会在文本框上方显示一个功能菜单，分别有以下几种：

（1）字体：调整文字的字体。系统免费字体有默认字体、微软黑体、黑体，想要更多字体，需用易企秀秀点购买。

图4-14 创建一个空白场景

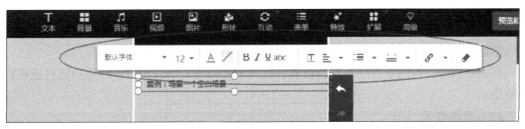

图 4-15 文本框

（2）字号：调整文字的大小。分别有 96px、64px、48px、32px、24px、20px、18px、16px、14px、13px、12px 等字号。

（3）颜色：调整文字颜色。点击后有系统默认的 30 种颜色供用户选择，用户也可自己选取想要的颜色，或者填写所需颜色的 RGB（色彩模式）数值。

（4）背景颜色：调整文本框的背景颜色。

（5）加粗：对文字进行加粗。

（6）倾斜：使文字倾斜。

（7）删除线：添加文字的删除线。

（8）文本竖直：可让文本框竖直显示。

（9）对齐方式：选择文字的对齐方式。有居左、居中、居右三种。

（10）行高：调整文字的行高。数值越大，行高越大。

（11）调整字间距：调整文本框的字间距。数值越大，字间距越大。

（12）添加超级链接：选取一个元素，可添加或清除超级链接。

（13）清除样式：选取一个元素，清除元素的所有样式。

2. 单击文本框

单击文本框，如图 4-16 所示，用户可在此进行编辑，也可拖动文本框。右击任意元素，会出现菜单列表，在列表中有编辑、样式、动画、音效、触发、链接、复制、裁切、复制动画、置顶、上移一层、下移一层、置底、删除等功能，用户可在此直接进行操作；左击任意元素，会在文本的右方显示一个属性栏，该属性栏可任意拖动，其中的组件设置有三个模块，分别为样式、动画、触发。

1）样式

（1）基础样式。

①背景颜色：可对文本框的背景颜色进行调节。点击"背景颜色"后的颜色框，可选取颜色，或在后面直接填写自己所要颜色的 RGB 数值。

②文字颜色：可对文本框的文字颜色进行调节。点击"文字颜色"后的颜色框，可选取颜色，或在后面直接填写自己所要颜色的 RGB 数值。

③透明度：可对文本框的透明百分比进行调节。数值越大，

图 4-16 组件设置

文本框越透明。

④行距：可对文本框文字的行距进行调节。数值越大，边距越大。

⑤行高：可对文本框文字的行高进行调节。数值越大，行高越大。

⑥固定组件：可固定各个组件的位置，使其不受屏幕大小的影响，但此功能只能在长页面使用。

（2）边框样式。

①尺寸：可对文本框边框的尺寸进行调节。数值越大，边框越大。

②弧度：可对文本框边框的弧度进行调节。数值越大，边框四角的弧度就越大。

③样式：可编辑边框的样式。有直线、破折线、点状线、双划线、3D凹槽、3D垄状、3D内嵌、3D外嵌等样式，也可选择无样式。

④颜色：可对文本框边框的颜色进行调节。点击"颜色"后的颜色框，可选取颜色，或在后面直接填写自己所要颜色的RGB数值。

⑤旋转：可对文本框进行360度的旋转。

（3）阴影样式。

①大小：可对阴影的大小进行调节。数值越大，阴影越大。

②模糊：可对阴影的模糊程度进行调节。数值越大，越模糊。

③颜色：可对阴影的颜色进行调节。点击"颜色"后的颜色框，可选取颜色，或在后面直接填写自己所要颜色的RGB数值。

④方向：可对阴影的方向进行360度旋转。

（4）文本风格。

编辑文本的风格形式有大标题、标题、副标题、小标题、正文内容等。

2）动画

选取一个文本框或图片等组件，点击"＋添加动画"，可对其添加动画，如图4-17所示，动画的方式有以下几种：

图4-17 动画

(1) 进入。

分别为淡入、移入、弹入、翻转进入、中心弹入、中心放大、翻滚进入、光速进入、魔幻进入、缩小进入、旋转进入。

(2) 强调。

分别为摇摆、抖动、旋转、翻转、悬摆、闪烁、下滑、上滑、放大抖动、倾斜摆动。

(3) 退出。

分别为淡出、移出、弹出、翻转消失、中心消失、中心缩小、翻开消失、光速退出、放大退出、悬挂脱落。

(4) 特殊：文本打字机。

用户可根据场景的实际情况选择合适的动画方式，取得自己想要的效果，选取完之后，还可以点击"预览动画"进行预览。

3) 触发

触发的方式分为点击和摇一摇，用户可选择自己想要触发的方式。

如图4-18所示，用户可先选取一个页面元素进行编辑，再对其添加触发。触发的内容可以选择页面元素或者随机图片（随机图片里有系统自带的图片，也有自己上传的图片），选择完自己想要触发的内容，可以编辑延迟时间，添加触发可有多个。

图4-18 触发

4.4.1.2 背景

点击"背景"，进入素材库。素材库中显示图片库、我的购买、我的上传、最近使用的图片，用户可在素材库中选择适合的图片作为页面背景，也可直接在线制作；另外，上传的图片大小不能超过3M，且只支持JPG、PNG、GIF格式，每次最多可上传10张。

4.4.1.3 音乐

点击"音乐",进入音乐素材。音乐素材中显示音乐库、我的购买、我的上传、最近使用,用户可在音乐素材中选择适合的音乐作为背景音乐,也可上传或添加外链。在自己上传的音乐中,用户可点击音乐后的设置按钮,设置音乐的起点和终点,建议时间在 20 秒内。另外,上传和添加外链的音乐,大小不超过 4M,格式为 MP3。

4.4.1.4 视频

点击"视频",进入视频组件,如图 4-19 所示,用户可在页面添加视频,把视频通用代码复制到文本框中即可使用,且支持的视频只为优酷、土豆、腾讯视频。用户可以选择的视频风格为弹出播放或者固定播放,也可设置视频封面。

图 4-19 视频

4.4.1.5 图片

点击"图片",进入素材库。素材库中显示图片库、我的购买、我的上传、最近使用,用户可在素材库中选择想要的图片添加到页面中,可以对图片进行拉大拉小、旋转或组件设置等操作;也可以在线制作或者上传图片,上传的图片大小不超过 3M,格式为 JPG、PNG、GIF,每次最多可上传 10 张图片。

4.4.1.6 形状

点击"形状",进入形状库。用户可在形状库中选择想要的形状添加到页面中,同时可以对形状进行拉大拉小、旋转或组件设置等操作。

4.4.1.7 互动

单击"互动",用户可以在页面中添加链接、电话、地图、音效、计数、统计、微信、计时等互动形式,并且可对其进行编辑。

4.4.1.8 表单

单击"表单",可以在页面中添加一个表单,让用户填写信息并收集到后台。如图 4-20 所示。

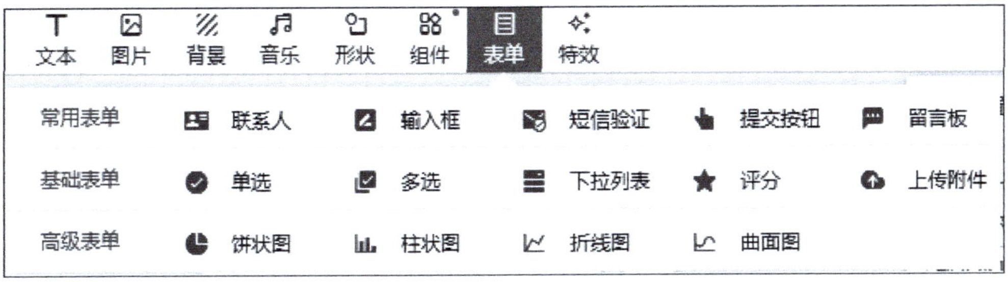

图 4-20 表单

表单内可以添加以下内容:

1. 选项

选项可选择输入框、单选、多选、下拉列表、评分等,用户可对其进行具体编辑,如编辑颜色、内容等。

2. 图表

图表中有饼状图、柱状图、折线图、曲面图四种,用户可以选择适合的图表,编辑表单的数据、颜色等内容。

3. 提交按钮

如图 4-21 所示,用户可选择合适的按钮添加到页面中,一个页面只能有一个按钮。用户可以对按钮进行编辑,如编辑按钮名称、提示类型、提示文本、添加外链、截止时间和提交限制等内容。

4.4.1.9 特效

点击"特效",用户可在页面中添加自己想要的特效,具体的特效有涂抹、指纹、环境、飘雪、烟花、渐变、重力感应等,当然,也可选择无特效,用户还可对每个特效进行具体的编辑。

4.4.1.10 扩展

点击"扩展",可在页面中添加扩展内容,有图集、联系人、留言板、投票等内容,用户可对每个扩展内容进行具体的编辑。

4.4.1.11 高级

点击"高级",如图 4-22 所示,用户可设置自定义加载 LOGO 以及尾页及底标,但此功能只对特定账号开放,且需要支付秀点。

图 4-21 提交按钮

图 4-22　高级

4.4.2　案例 2　使用系统模板编辑

4.4.2.1　场景编辑

用户选择按分类筛选，选择合适的场景模板进行编辑，有收费与免费两种，用户可根据自己的需求选择，在购买前，用户可先预览一下整体效果，看看需要改动哪些内容；购买成功后，点击"立刻使用"，进入场景编辑页面，如图 4-23 所示。

图 4-23　系统模板编辑

用户可根据自己的实际情况对模板进行更改编辑，更改的内容主要是文本、LOGO、音乐等内容。

场景编辑页面分为三个部分，从左到右分别为页面模板、画布、页面管理。

1. 页面模板

模板管理中，模板中心主要为各个页面模板，分为系统模板和我的模板。其中，系统模板可按用途、功能、风格（或者直接输入名称）进行搜索、筛选；我的模板中有自己创建的或者保存的所有页面模板。用户选择自己想要的模板，点击后可将选取的页面模板的所有组件覆盖到当前页面的已有组件。

2. 画布

画布区域顶部为当前场景的标题，标题下方为场景编辑页面，几乎所有的编辑功能都在这个页面实行。如图4-24所示，在页面的右侧为工具栏，有撤销、恢复、刷新预览、复制当前页、背景、音乐、特效、网格设置、手机边框、警告等辅助工具。

图4-24　工具栏

在画布的右下角，有公告、审核、客服、反馈等易企秀官方服务功能。

3. 页面管理

在页面管理中显示了当前场景的所有页面，用户可以选择任意页面进行预览、编辑，可删除、复制当前页面，也可任意拖动页面进行页面排序、添加页面等操作，或将当前页面存为我的模板。

当场景的所有页面编辑完成后，可进行预览、设置、保存、发布、退出等操作。

4.4.2.2　预览和设置

如图4-25所示，用户可以对场景进行预览和设置。在此页面中，用户可以进行常规设置、分享设置以及高级设置。

图 4-25　预览和设置

1. 常规设置

（1）标题：用户可以设置场景的标题，标题显示在场景的上方，标题的字数限制在 48 个字以内。

（2）描述：用户可以对场景添加描述，字数限制在 60 个字以内。

（3）场景类型：用户可将场景进行分类，分为行业、个人、企业、节假、风格、品牌等几类。

（4）翻页模式：用户在此可以设置翻页模式，有上下翻页、上下惯性翻页、左右惯性翻页、左右翻页、左右连续翻页、立体翻页、卡片翻页、放大翻页、交换翻页、翻书翻页、上下连续翻页、掉落翻页、淡入翻页、上下推出翻页、左右翻页等模式，也可以设置是否循环播放以及自动播放的时间等。

（5）场景音乐：用户可在此直接设置场景的背景音乐。

（6）场景页码：用户可在此设置是否显示场景的页码。

2. 分享设置

（1）场景访问状态：有允许访问、不允许访问以及加密访问三种状态，用户可根据自己的需求进行选择。

（2）微信分享时显示：如图 4-26 所示，用户可以添加设置微信分享时的标题以及显示内容，且设置是否将场景封面设置为微信头像。

（3）易企秀分享：用户可以设置是否分享流量、是否申请加入秀点、是否申请为电脑端样例以及是否参加活动。

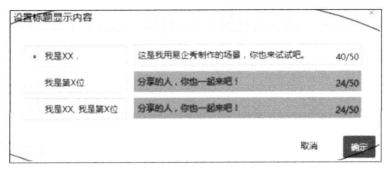

图4-26 微信分享时显示

3. 高级设置

用户可设置自定义加载 LOGO 以及尾页及底标,但此功能只对特定账号开放,且需要支付秀点。

4.4.2.3 保存

点击"保存",用户可将当前场景保存到我的场景中。

4.4.2.4 发布

点击"发布",用户可将场景发布到网上,只有发布的场景,才能够分享给其他人观看。

4.4.2.5 退出

点击"退出",用户可退出当前编辑页面。

第5章

微讯云端

微讯云端是由宁波讯图信息技术有限公司在 2013 年推出的一个针对微信公众号提供营销应用插件的免费第三方服务平台。此平台完善了微信公众平台的功能，提高了公众号的交互性，为商家提供了更贴心、有核心需求的功能和服务。

5.1 账户的注册及登录

登录微讯云端官网（www.weixinyunduan.com）进入官网首页，如图 5-1 所示，点击右上角的"注册"进入注册页面，输入用户名、设置密码、确认密码、QQ 号码、常用邮箱、手机号以及验证码，点击"注册"进入审核页面，如图 5-2 所示，扫描二维码，在公众号回复指定信息，系统将自动审核开通账号，完成操作。

图 5-1 官网首页

图 5-2 审核

注册好的用户点击"登录"进入登录页面，输入用户名以及密码，或直接用 QQ 号码登录，进入官网后台。

5.2　账号中心

登录成功之后，点击"我的账户"，可进入账号中心，如图 5-3 所示，在此页面，用户可查看自己的流量、修改账户信息并重设登录密码。

图 5-3　账号中心

5.3 认识网站

微讯云端的管理后台如图 5-4 所示,共有九大板块,分别如下所示:

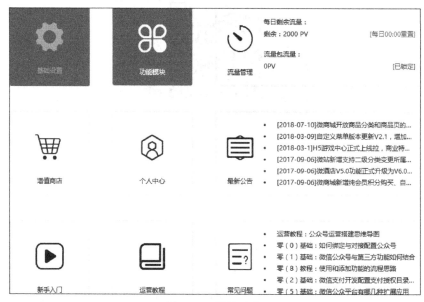

图 5-4 网站后台

5.3.1 绑定及基础设置

绑定的具体流程如图 5-5 所示。

图 5-5 绑定流程

5.3.1.1 新手任务(必做)

1. 公众号自动绑定

1)一键授权绑定

(1)登录微信公众平台,链接地址为 https://mp.weixin.qq.com/。

(2)在"开发>基本配置"中建议取消其他同类第三方授权。

(3)请点击下方"一键授权绑定",扫描显示的二维码。

(4)关注自己的微信公众号并发送"微讯云端"四个字。

(5)收到"恭喜您已经成功绑定到无限智能的微讯云端",说明绑定成功。

2）手动授权绑定

（1）登录微信公众平台，链接地址为 https：//mp.weixin.qq.com/。

（2）在"设置＞公众号设置"中复制公众号名称、微信号、原始ID。

2. 完善公众号信息

用户可在此页面完善公众号信息，其中包括公众号名称、微信原始ID、公众微信号、登录邮箱、开发者ID、开发者密码、上传头像、上传二维码、使用类型、公众号地区、公众号类型、是否为政府/媒体认证订阅号以及域名状态等信息。

3. 网页授权选择

用户开启网页授权服务，可自动获取来访微信用户身份信息，其中包括公众号类型、域名状态、借用平台授权、微信用户信息。

开启网页授权服务后，参加者通过链接地址进入此功能页面即可直接获取微信用户的身份信息（包括头像、昵称等）、认证服务号、媒体或政府类认证订阅号，可使用自有网页授权服务，其他公众号在主域名状态下可借用平台授权获取用户信息；如果关闭网页授权服务，那么所有功能需要通过回复关键词，重新打开进入功能页面才能获取用户身份（不包括头像、昵称）。

4. 公众平台设置

用户可在此页面设置公众平台接口域名，其中有域名状态、JS（一种脚本语言）安全域名接口、业务域名设置、网页授权域名设置、开发模式名单IP（互联网协议地址）、MP_Verify（验证状态）等。

5.3.1.2 其他设置

1. 快捷关键设置

如图5-6所示，用户可设置公众号关/注链接。

图5-6 快捷关键设置

设置完的预览图如图5-7所示。

图5-7 预览

2. 完善门店信息

用户在此页面可完善门店信息，如图5-8所示，同时，用户还可添加分店管理。

图 5-8 完善门店信息

3. 订单通知

1)邮箱通知接口设置

用户可对邮箱通知接口进行设置,如图 5-9 所示。

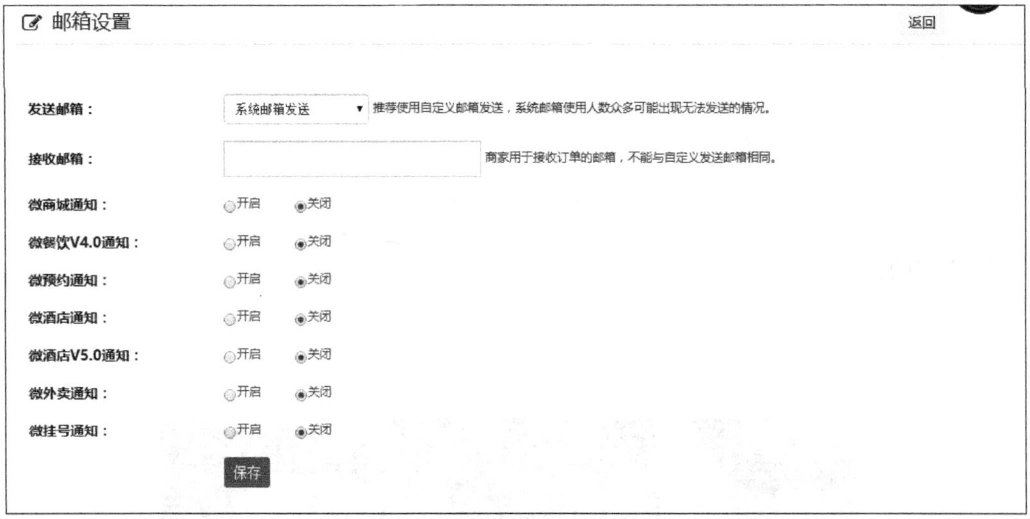

图 5-9 邮箱通知接口设置

2)短信通知接口设置

用户可对短信通知接口进行设置,如图 5-10 所示。

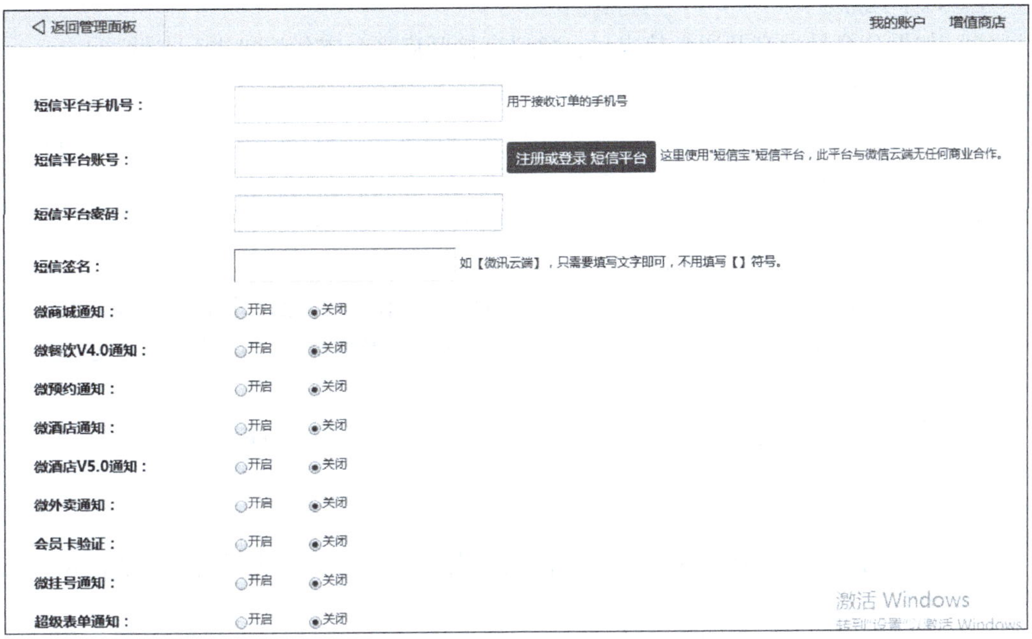

图 5-10 短信通知接口设置

4. 微支付管理

支付平台设置具体操作如图 5-11 所示。

图 5-11 支付平台设置

1）支付接口管理

用户可以选择是否开启支付，如果没有开通微信支付，建议直接开启平台支付接口进行支付。

注意以下几点:

(1) 如果公众号没有开通微信支付,建议直接开启平台支付接口进行支付。

(2) 使用平台支付前请查看了解说明。

(3) 支持平台支付、微信支付、支付宝以及其他第三方支付平台,需填写支付接口的真实信息,否则在支付过程中可能会出现错误提示。

(4) 微信支付可以开启使用当前账号绑定并已开通微信支付的公众号,也可以借用当前账号没有绑定但已开通微信支付的公众号。

(5) 微信支付的"开启"和"借用"分别对应"当前账号已绑定的公众号"和"当前账号没有绑定的其他公众号",借用其他微信支付时请配置被借用公众号的相关支付参数。

2) 微信支付证书

用户可上传 apiclient_cert.pem (私钥文件)、apiclient_key.pem (公钥文件) 以及 rootca.pem (根证书文件)。

注意以下几点:

(1) 在使用微信高级接口时,需要上传微信支付商户证书,使用其他一般性微信支付业务时无须上传证书。

(2) 在使用"拼团购"功能时,必须上传微信支付商户证书,要对应证书名称上传证书文件,否则拼团失败后无法退回用户的团购款。

除此之外,用户还可以查看微信支付账单、平台支付账单以及平台支付提现。

5. 公众号版权设置

用户可根据自己的需要选择是否购买公众号版权 (¥168/元)。

套餐内容有以下几项:

(1) 去除公众号手机端页面显示的"微讯云端免费版"文字。

(2) 支持自行设置任意版权文字和版权链接。

(3) 额外赠送模块 (微场景、微邀请、微名片、微信客服功能、幸运答题)。

6. 站内消息

用户可在此页面查看站内消息,并进行操作,如图 5-12 所示。

图 5-12 站内消息

7. 店员管理

用户可在此页面添加店员,用于管理店铺。

8. 行业评论管理

用户可在此页面管理酒店评论,并进行批量审核、批量回复、批量删除、评论配置等操作,如图 5-13 所示。

图 5-13　行业评论管理

5.3.2　功能板块

5.3.2.1　展示模板

1. 首次关注

粉丝首次关注时，公众号可以自动回复一条预先设置好的信息给粉丝，方便粉丝第一时间了解到公众号的基本推送信息。

用户可在此页面设置首次关注的推送信息，如图 5-14 所示。

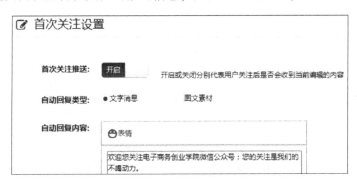

图 5-14　首次关注

2. 关键词自动回复

此功能可以实现公众平台中的关键字快捷回复信息的功能，公众号可预先设置好关键词，粉丝回复公众号时，即可得到这些预设的推送信息。

用户可在此页面设置关键词自动回复，点击 "＋添加关键词" 进行设置，如图 5-15 所示，同时也可以设置无内容统一回复。

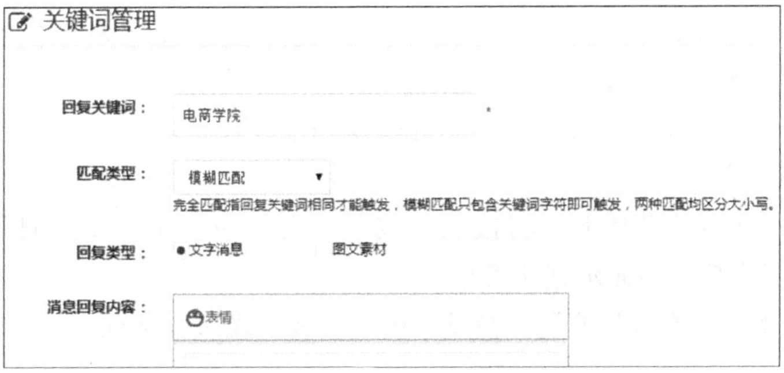

图 5-15　关键词回复

3. 自定义菜单

此功能可实现微信公众平台中的自定义菜单设置，可以调用相关功能，同时，本平台的自定义菜单为全功能菜单，可以匹配关键字、链接地址、图文信息、文本回复等功能。

用户可在此页面设置自定义菜单，如图 5-16 所示。

图 5-16 自定义菜单

点击"添加菜单按钮"后完善内容，点击"保存菜单内容"保存即可，每一个菜单的添加都是通过这个步骤完成的。如果是创建一级菜单，那么不需要在一级菜单的地方选择，直接在内容编辑区填写菜单名称就可以了，只有在创建二级菜单的时候才需要选择一个隶属于一级菜单的名称。

最后，当所有菜单都添加并完善内容之后，在编辑区左侧就可以看到所有菜单的效果，检查没有问题后，就可以点击"发布微信菜单"按钮来生成微信上的菜单。

4. 个性化菜单

此功能是在自定义菜单的基础上扩展的一种按粉丝个性属性来显示的菜单，必须是已通过认证的公众号才可以使用。

（1）微信公众平台个性化菜单接口只对已认证的公众号开放，未认证的公众号不可使用。

（2）使用个性化菜单要先绑定好公众号。

（3）使用个性化菜单时必须在公众平台获取 AppId（微信公众平台身份标识）和 AppSecret（微信公众平台密钥），然后在"完善公众号信息"中设置。

（4）必须有一个默认自定义菜单，才可以添加个性化自定义菜单，点击进入"自定义菜单"，设置默认菜单。

（5）创建多个个性化菜单时，将按照生成菜单的时间顺序由新到旧逐一匹配，如果全部菜单都没有匹配成功，则显示默认菜单。

（6）显示个性化菜单的要求是：粉丝手机微信客户端版本必须在 iPhone 6.2.2、Android 6.2.4 以上。

5. 图文素材

此功能可以创建多种风格的图文素材,此图文素材可以通过本平台上的自定义菜单任意进行调用,同时图文素材可以创建单图文以及多图文两种方式。

用户可在此页面进行图文素材管理,如图 5-17 所示。

图 5-17 图文素材管理

用户可以选择添加单图文或多图文,同时可以进行具体的编辑或删除。

6. 图文排版助理

用户可在此页面进行图文排版,如图 5-18 所示。

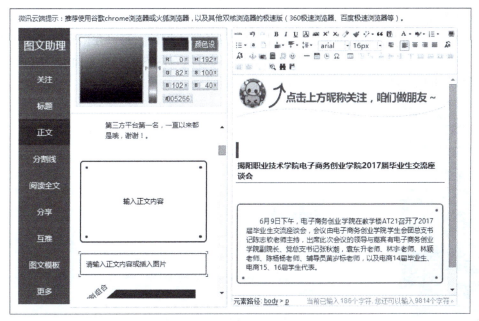

图 5-18 图文排版助理

用户可以根据系统提供的图文模板进行排版，其中有关注、标题、正文、分割线、阅读全文、分享、互推、图文模板、更多等功能。

用户根据自己的需要选择合适的图文，点击之后可在编辑页面进行编辑。

7. 二维码助理

如图 5-19 所示，用户可在此页面将通用文本、电话号码、手机短信、电子名片、电子邮件、网站网址、无线 WiFi 等生成二维码，手机二维码可以印刷在报纸、杂志、图书及个人名片等多种载体上，用户通过手机摄像头扫描二维码，即可实现快速手机上网，下载图文、音乐、视频、参与抽奖、了解企业产品信息等，还可以方便地享用手机识别和存储名片、自动输入短信、获取公共服务（如天气预报）、查询电子地图、手机阅读等多种功能。

图 5-19 二维码助理

8. 微官网

如图 5-20 所示，微官网可实现类似于 PC 端的官方网站，可以在微官网内创建不同的页面，还可以选择近百种不同风格的页面模板，同时微官网内的各个页面又可以相互组合，这是移动互联网移动端展示必不可少的一种功能。

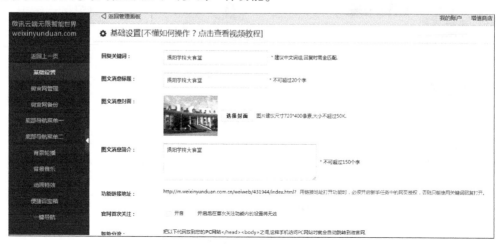

图 5-20 微官网

9. 微站

微站是移动互联网时代的新概念，伴随着智能手机等移动微站终端的普及而产生，是移动互联网时代企业的基础应用平台和移动门户，也是移动互联网的统一数据入口。微站可以快速构建手机网站、生成手机客户端 APP，并集成与微信、微博、二维码的数据接口，实现企业信息化管理与移动互联网技术的结合。企业可以在微站这个平台上集成在线客服系统、在线商城、短信系统、企业 CRM 系统等多个平台，并可以扩展出多种移动应用，例如微调查、微活动、微商城、抽奖、会员管理等。微站可以帮助企业进行信息同步分享并传播，整合企业网络营销推广的要求，提升企业营销的精准性，扩大营销的互动性，放大企业信息传播的效应，从而提高企业品牌的商业价值。

（此功能与腾讯风铃相似，详情请看腾讯风铃章节。）

10. 微云秀

微云秀是当前移动端主流的分享传播系统，可在 PC 端和移动手机端同时展示页面内容，微云秀场景海报如图 5-21 所示。

图 5-21　微云秀场景海报

11. 百度直达号

此功能是商家在百度移动开放平台的官方服务账号，此功能基于移动搜索、@账号、地图、个性化推荐等多种方式，让亿万客户随时随地直达商家服务网络，如图 5-22 所示。

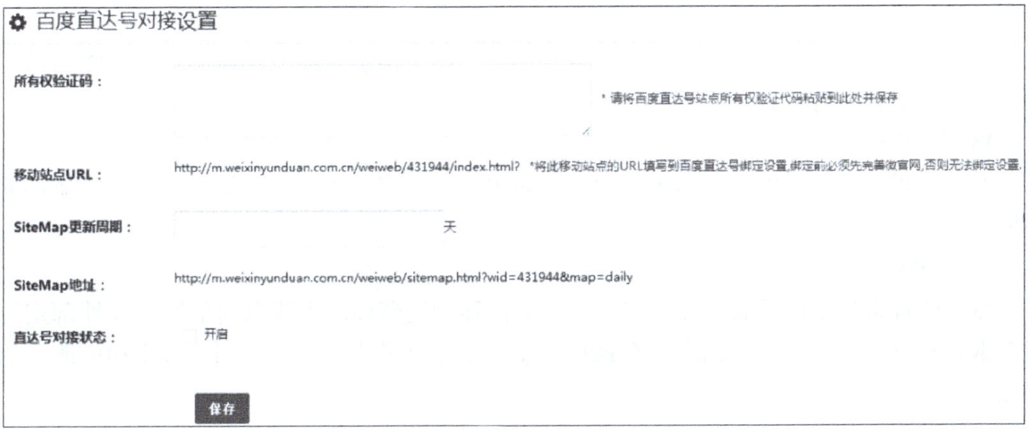

图 5-22　百度直达号

用户可在此页面进行所有权验证码、移动站点 URL（网址）、SiteMap（网站地图）更新周期、SiteMap 地址以及直达号对接状态等设置。

12. DIY 推广页

此功能可以将微信公众号的二维码添加到推广页上，系统会自动生成二维码宣传页，此推广页可以打印成实体宣传海报，也可以在网络传播，如图 5 – 23 所示。

图 5 – 23　DIY 推广页

用户可在此页面进行所有权验证码、移动站点 URL、SiteMap 更新周期、SiteMap 地址以及直达号对接状态等设置。

13. 微门店

此功能可实现 LBS 门店的功能，最多可设置 8 家门店距离粉丝发送位置信息请求的推送，粉丝只需向公众号发出位置请求，公众号便会自动回复离得最近的门店列表，同时，在列表中可以查看门店的信息以及位置地图等信息。

14. 720°全景

此功能可在公众号内实现 720°的全景展示，适合于对门店、商场、展厅、消费场所等进行展示，粉丝在浏览全景图时有一种身临其境的感觉，如图 5 – 24 所示。

用户可在此页面进行回复关键字、全景标题、图文消息封面、相册图片、全景图描述以及全景图背景音乐等设置。

15. 微相册

此功能可在公众号内实现图集展示，同时也可创建多个不同的相册，每一个相册都拥有不同的独立链接地址。

16. LBS 位置

LBS 位置指基于位置的服务，它是通过电信移动运营商的无线电通信网络或外部定位方式获取移动终端用户的位置信息，在地理信息系统平台的支持下，为用户提供相应服务的一种增值业务。

第 5 章 微讯云端

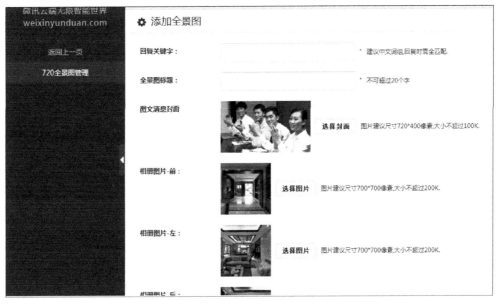

图 5-24 720°全景

5.3.2.2 推广模板

1. 超级推送

超级推送可以帮助用户实现公众号粉丝点对点或粉丝分组群发推送，可以代替微信官方公众平台群发推送，其推送的图文可以有单图文和多图文两种类型。

点击"添加推送消息"进行设置，如图 5-25 所示，点击"设置审核人"，设置审核人。

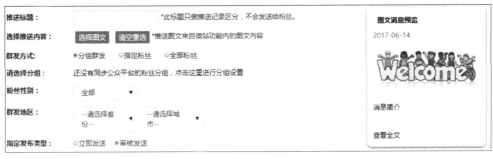

图 5-25 添加推送消息

2. 粉丝大数据

用户在此页面可对粉丝进行管理、分组。

3. 运营图表

用户在此页面可以查看微信公众号的运营图表。

4. 微贺卡

此页面具有在微信内分享贺卡的功能，已拥有几十种系统贺卡，粉丝还可以自主创建贺卡转发给好友，以达到传播的效果。

用户在此页面可对贺卡进行设置，如图 5-26 所示。

图 5-26　微贺卡设置

5. 微喜帖

此页面具有在公众号内创建编辑电子喜帖的功能，用户在此页面点击"+添加喜帖"可编辑喜帖，如图 5-27 所示。

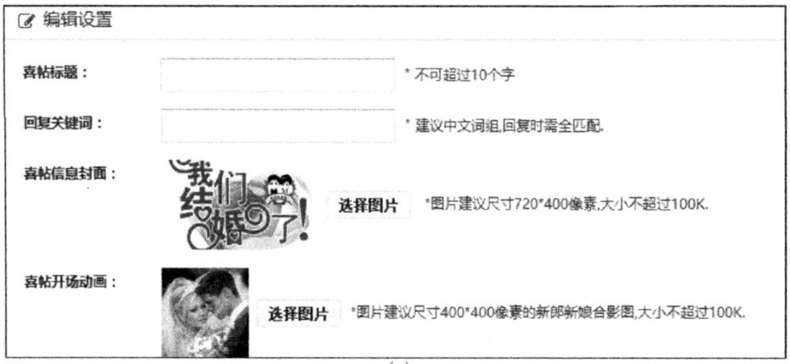

(a)

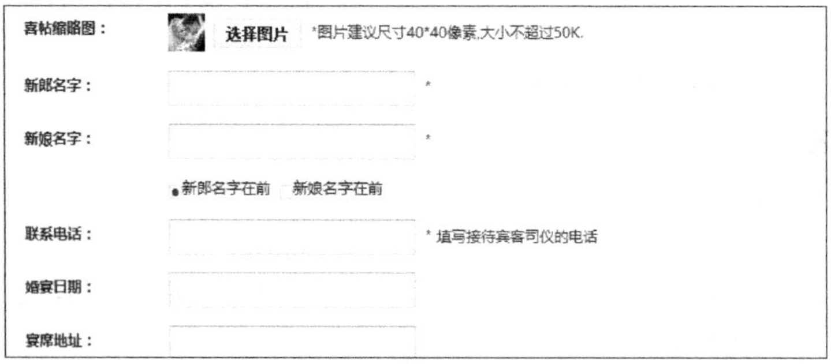

(b)

图 5-27　编辑喜帖

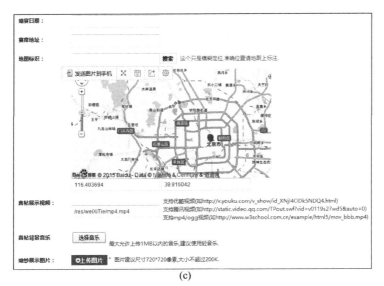

(c)

图 5-27　编辑喜帖（续）

6. 微邀请

此功能可实现会议、活动、聚会等形式的电子邀请函的创建编辑，粉丝可在线查看活动的时间、地点、内容等信息，也可以在线提交是否参与活动报名。

用户在此页面点击"+添加邀请函"可编辑电子邀请函，如图 5-28 所示。

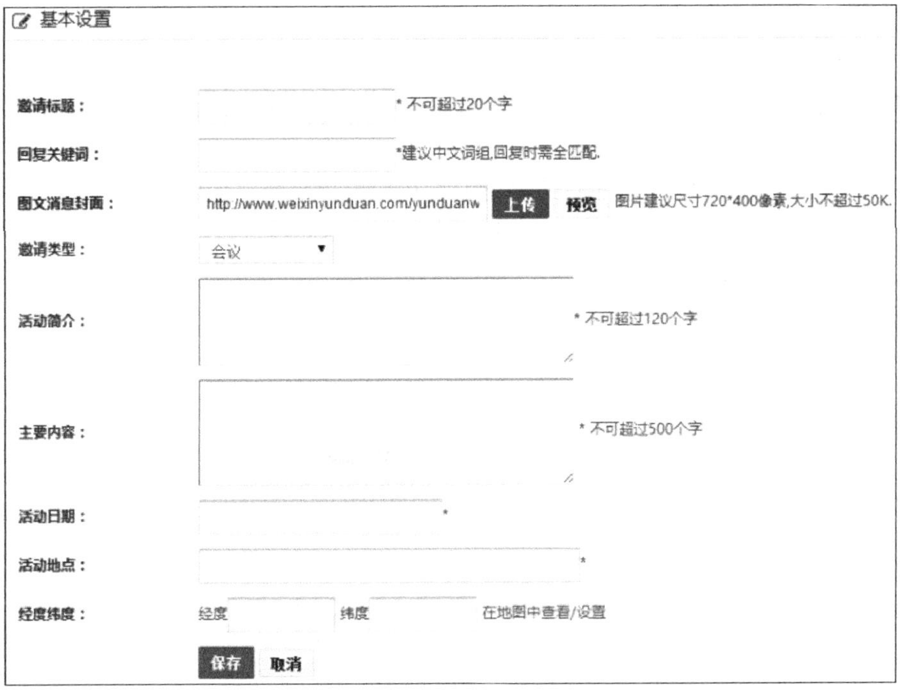

图 5-28　微邀请

7. 优惠券

此功能可代替传统的纸质优惠券，粉丝领取优惠券后，向商家出示公众号内的优惠券即可完成购买。

用户在此页面点击"+添加优惠券"可设置优惠券,如图 5-29 所示。

图 5-29 优惠券

5.3.2.3 互动模板

1. 会员卡

此功能可让会员粉丝真正享受一些便利功能。

1) 基础设置

用户可在此页面设置回复关键词、图文消息标题、图文消息封面、图文消息简介。

2) 会员卡管理

用户在此页面点击"+添加新的会员卡"可设置优惠券,如图 5-30 所示,同时也可以点击"会员卡等级管理"管理会员卡等级。

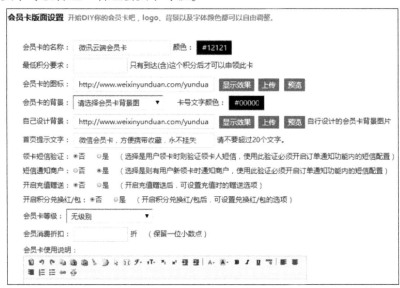

图 5-30 会员卡版面设置

用户还可以进行会员资料、会员中心、店员管理、幻灯图片、卡券管理、卡券核销、消费记录、输入字段等操作。

2. 智能客服

此功能可实现模拟人工对话，公众号商家提交预设好的问题，系统便会自动回复对应的内容给粉丝。

用户在此页面可设置智能客服，如图 5-31 所示。

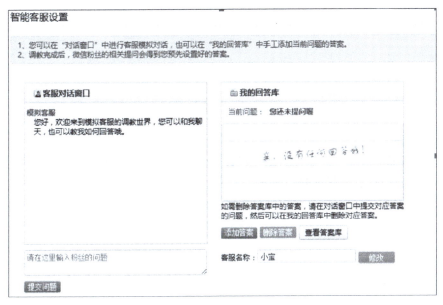

图 5-31　智能客服

3. 应用服务

此页面为用户提供生活类信息查询服务，比如天气预约、火车班次、新闻或其他一些内容。

用户在此页面可设置智能机器人，如图 5-32 所示，同时点击"＋机器人接口设置"可设置机器人的名称、合作伙伴验证码等。

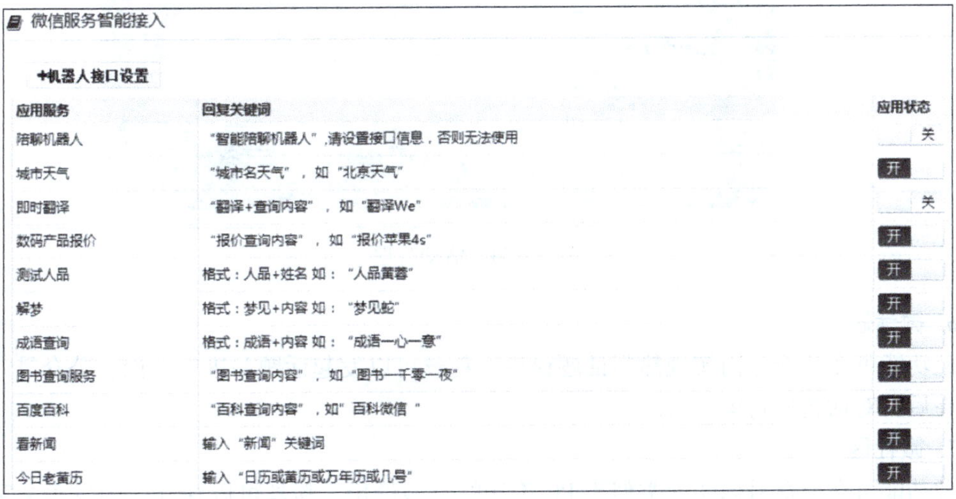

图 5-32　微信服务智能接入

4. 融合第三方

用户在此页面可设置第三方接口管理，分别点击"＋添加第三方接口""＋添加第三方图片接口""＋添加优先第三方接口"可添加回复关键词以及第三方接口链接，如图 5-33 所示。

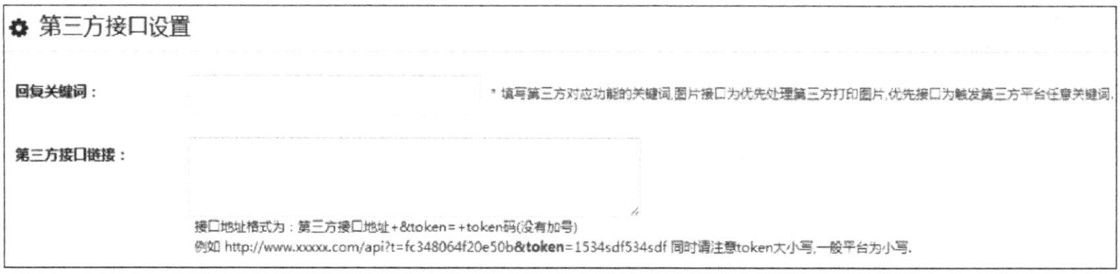

图 5-33　融合第三方

5. 活动管理

用户在此页面点击"＋添加活动"可设置活动内容，如图 5-34 所示，同时，还可以点击"＋添加题目"，对题库进行管理。

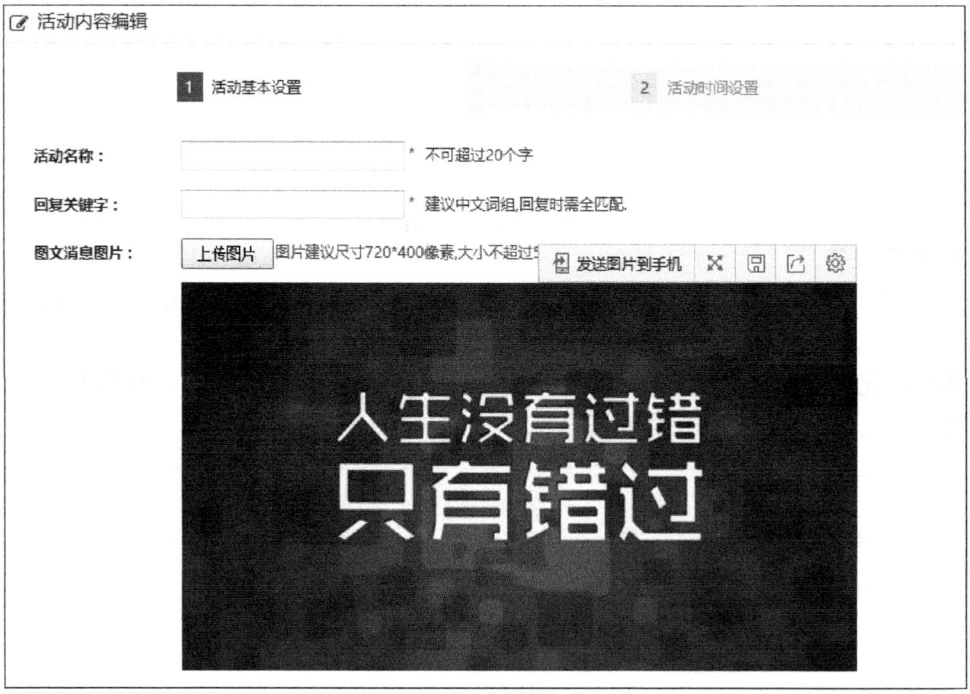

图 5-34　活动管理

6. 微话题

此功能可在公众号内实现热门话题讨论，粉丝可以发起话题并进行讨论，公众号商家也可以在后台对话题进行审核管理。

7. 微社区

此功能可在公众号内实现类似于 PC 论坛的微型论坛，粉丝可以在社区内发表文字和图片进行交流，粉丝之间还可以相互点赞、评论，同时公众号商家也可以在后台管理社区的所有内容，图 5 – 35 所示。

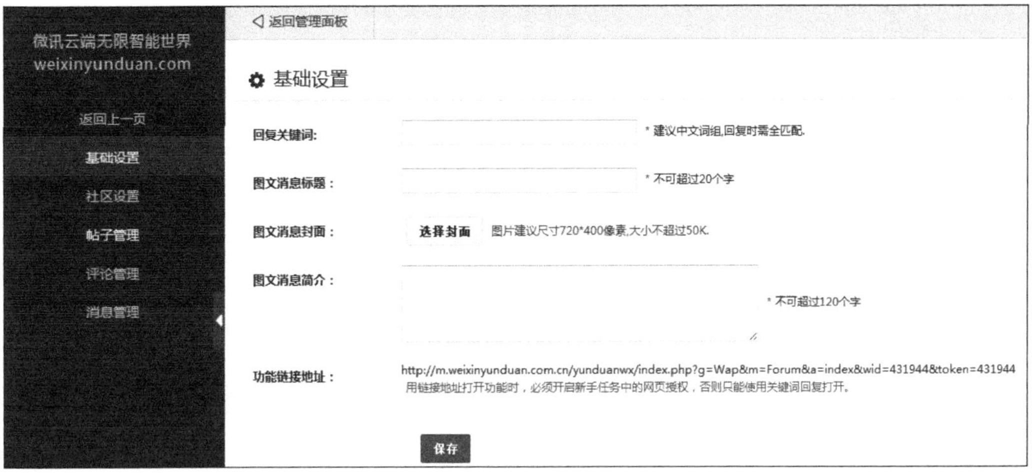

图 5 – 35　微社区

1）基础设置

用户可在此页面进行回复关键词、图文消息标题、图文消息封面、图文消息简介以及功能链接地址等设置。

2）社区设置

用户可在此页面进行微社区名称、社区 LOGO 地址、自定义背景、是否审核新帖、是否审核评论、是否开启社区等设置。

用户还可以进行帖子管理、评论管理以及消息管理等设置。

8. 微调研

此功能可在公众号内实现粉丝调研活动，是商家了解或收集市场变化的一种工具，如图 5 – 36 所示。

图 5 – 36　微调研

用户可在此页面进行添加调研、编辑修改、删除、题库管理以及调研结果等设置。

9. 微投票

此功能可实现公众号在线投票活动。

点击"添加投票"，可进行微投票设置，如图 5 – 37 所示。

用户可在此页面进行投票名称、回复关键字、开始时间、结束时间、图文信息图片、投票活动简介以及投票选项等设置。

10. 微预约

此功能可用来收集粉丝提交的表单，用于活动的报名、预约、投诉等。

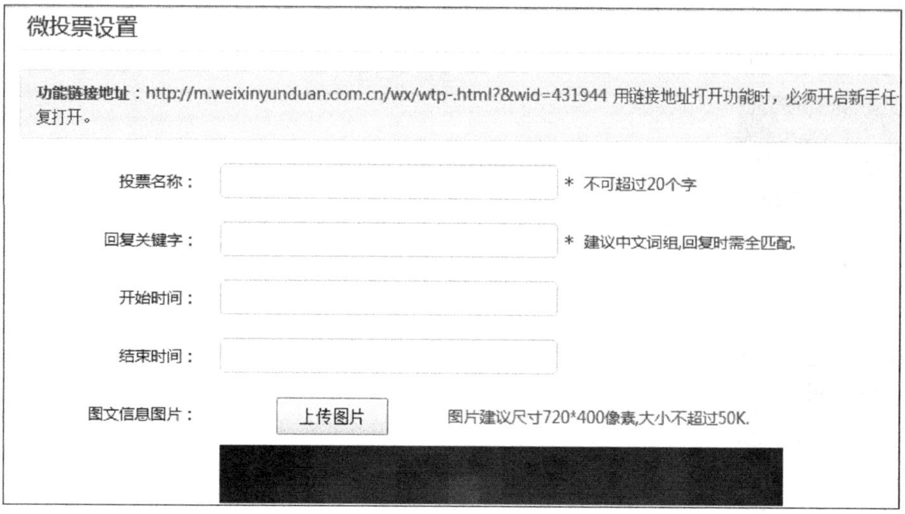

图 5-37 微投票

点击"添加预约事项",可进行微预约设置,如图 5-38 所示。

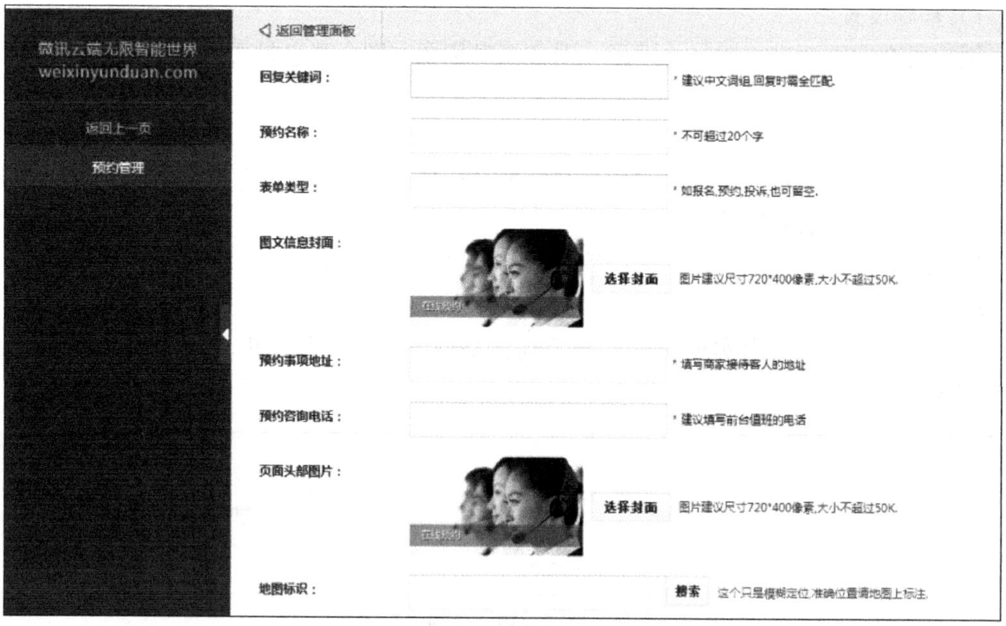

图 5-38 微预约

用户可在此页面进行回复关键词、预约名称、表单类型、图文信息封面、预约事项地址、预约咨询电话、页面头部图片、地图标识、图文消息简介、预约详情说明、订单内容设置、商家通知设置以及功能链接地址等设置。

11. 留言板

此功能可在公众号内实现粉丝留言,粉丝之间可以看到相互的留言内容,同时公众号商家也可以在后台管理留言内容。

用户在此页面可设置留言板,如图 5-39 所示。

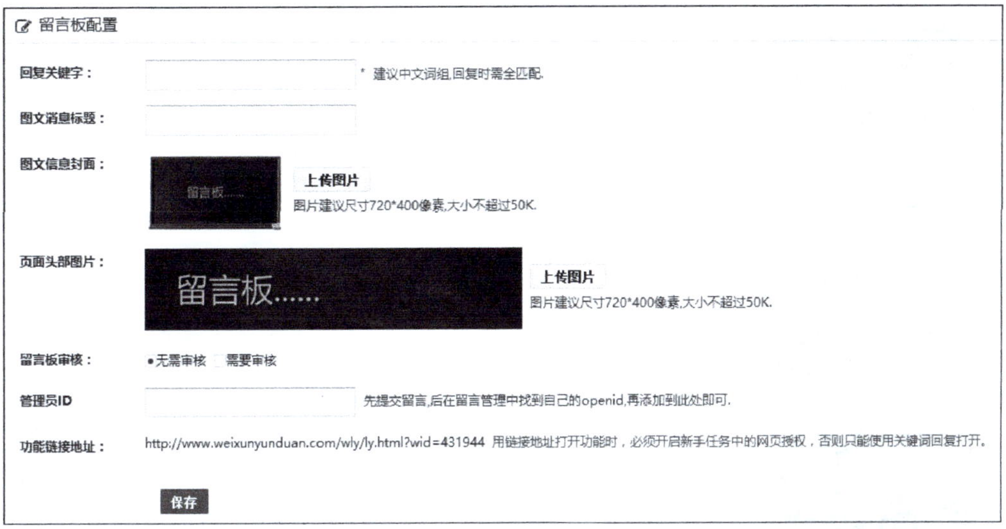

图 5-39　留言板配置

12. 微信墙

此功能是现场粉丝互动的一种功能，粉丝可以通过公众号将所要表达的文字发送到现场大屏幕上。

用户在此页面可进行微信墙管理，如图 5-40 所示，同时可对数据管理、内容审核进行操作。

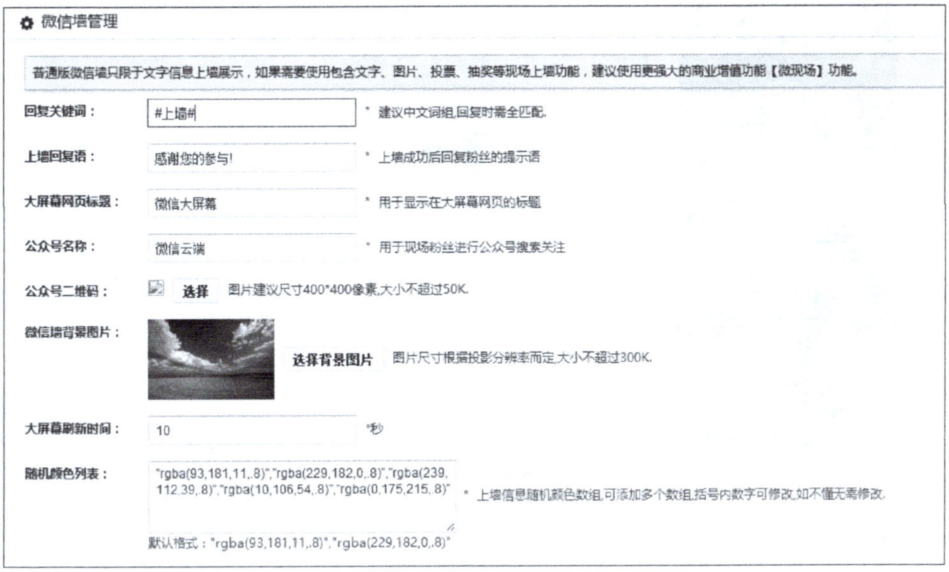

图 5-40　微信墙管理

13. 第三方客服

点击"第三方客服"，可进入第三方客服设置页面，如图 5-41 所示。

用户可在此页面进行回复关键词、图文标题、图文信息封面、图文消息简介、JS 浮动代码、客服超链接等设置。

图 5-41 第三方客服

14. 音乐盒

此功能可在公众号内实现音乐播放功能，供公众号粉丝收听欣赏，如图 5-42 所示。

图 5-42 音乐盒

1）基础设置

用户可在此页面进行回复关键词、图文标题、图文信息封面、图文信息简介、功能链接地址等设置。

2）列表管理

用户可在此页面进行音乐盒名称、音乐列表以及音乐盒列表介绍等设置。

3）歌曲管理

用户可在此页面添加音乐，进行音乐名称、所属列表以及音乐链接等设置。如图 5-43 所示。

图 5-43 歌曲管理

15. 万能表单

此功能可实现粉丝向公众号提交报名、预约等服务。

点击"添加万能表单",可添加万能表单,如图 5-44 所示。

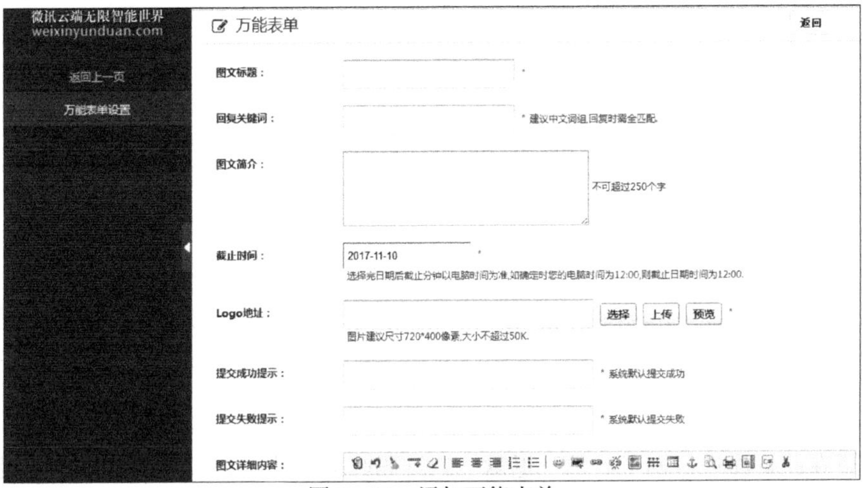

图 5-44 添加万能表单

用户可在此页面进行图文标题、回复关键词、图文简介、截止时间、Logo 地址、提交成功提示、提交失败提示以及图文详细内容等设置。

16. 会员签到赚积分

点击"会员签到赚积分",可进入签到设置页面,如图 5-45 所示。

图 5-45 会员签到赚积分

用户可在此页面进行回复关键词、图文消息标题、图文消息简介、图文消息封面、签到页图片、底部按钮名称、底部按钮链接以及功能链接地址等设置。

5.3.2.4 交易模板

1. 微支付管理

详见上文。

2. 订单通知

详见上文。

3. 收银台

此功能可生成支付二维码,微信或支付宝用户直接扫一扫之后即可完成微信支付或支付宝支付,是商家在移动支付时代的高效支付工具。如图5-46所示。

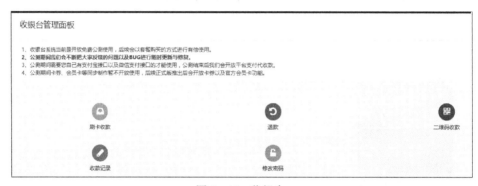

图 5-46 收银台

1)管理面板

用户可在此页面进行刷卡收款、退款、二维码收款、收款记录和修改密码等设置。

2)商家设置

用户可在此页面进行商家配置、员工管理、门店管理、支付优惠、商家导航等设置。

3)支付设置

用户可在此页面进行支付配置、打印配置、对接 KEY(密钥)等设置。

4)微信收银

用户可在此页面进行扫码收款、扫码退款、二维码收款、二维码记录、收款记录等设置。

5)支付宝收银

用户可在此页面进行扫码收款、扫码退款、二维码收款、二维码记录、收款记录等设置。

6)数据统计

用户可在此页面进行收款记录、商家收支、概况统计、粉丝支付排行等设置。

7)平台对账

用户可在此页面进行代收对账、申请对账、平台提现等设置。

4. 乐云销分销微店

此功能由微讯云端官方开发,是具有多级分销的微店系统,如图5-47所示。

用户可在此页面进行基础设置、微店创建、综合管理、提现管理、客服管理等设置。

第 5 章　微讯云端

图 5-47 所示的基础设置界面（图略）

图 5-47　乐云销分销微店

5. 微团购

此功能可在公众号内实现单商品的团购活动，如图 5-48 所示。

图 5-48　微团购

6. 微商城

此功能可在公众号内实现交易功能，凡开通微信支付的公众号均可实现在线商品购买下单和支付的整个购物流程。

用户可在此页面进行基础设置、门店信息管理、商城设置、背景与轮播图、商品综合管理、订单系统管理、无线打印订单等设置。

5.3.2.5　行业模板

1. 微点菜

此功能可通过公众号实现餐厅现场点菜功能，餐厅不需要使用传统纸质菜谱，顾客可以直接通过公众号实现现场点菜，如图 5-49 所示。

用户可在此页面进行餐厅设置、菜品分类、菜品管理以及订单管理等设置。

2. 微餐饮

此功能与微点菜大致相同，唯一不同的是微餐饮无法通过在线完成菜品价格支付。如图 5-50所示。

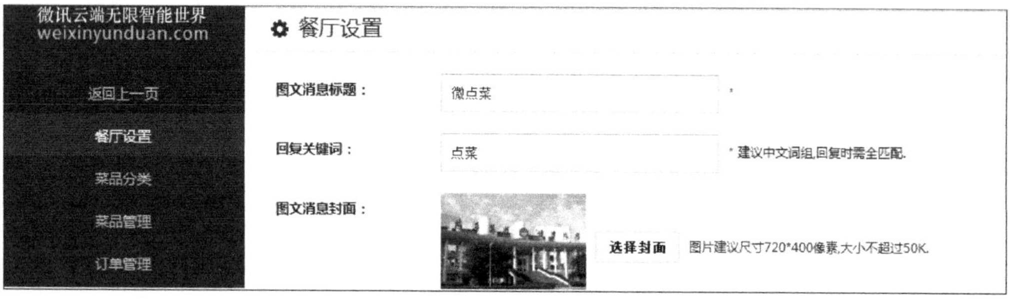

图 5-49 微点菜

图 5-50 微餐饮

用户可在此页面进行基础设置、餐厅设置、菜肴分类、菜品管理、餐桌管理、订单管理以及无线打印订单等设置。

3. 微汽车

此功能可通过公众号进行汽车销售行业的车型展示和介绍,同时粉丝也可以通过公众号实现在线预约试驾以及在线预约保养等功能,如图 5-51 所示。

用户可在此页面进行基础设置、品牌管理、车系管理、车型管理、销售管理、预约保养、预约试驾、车主关怀、使用工具等设置。

1) 基础设置

用户可在此页面进行回复关键词、图文消息标题、图文消息封面、图文消息简介以及微汽车首页等设置。

2) 品牌管理

用户可在此页面进行品牌名称、品牌 LOGO、品牌指导价等设置。

3) 车系管理

点击"添加车系"可添加车系,如图 5-52 所示。用户可在此页面进行品牌、车系名称、车系简称、车系图片、显示顺序以及车系亮点等设置。

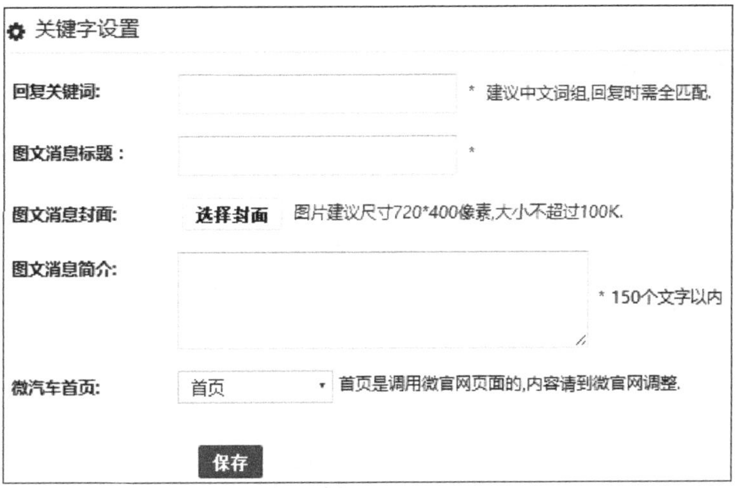

图 5-51 微汽车

图 5-52 添加车系

4)车型管理

点击"添加车型"可添加车型,用户可在此页面进行车型名称、品牌车系、年款、显示顺序、厂方指导价、经销商报价、车型图片、排气量、挡位数以及变速箱等设置。

5)销售管理

点击"添加销售顾问"可添加销售顾问,用户可在此页面进行姓名、头像、电话、显示顺序、类型等设置。

6)预约保养

点击"编辑预约"可添加预约,如图 5-53 所示,用户可在此页面进行回复关键词、图文消息标题、图文消息封面、预约地址、预约电话、保养页头部图片、地图标识、预约简介、预约详情、订单内容设置、以及商家通知等设置。

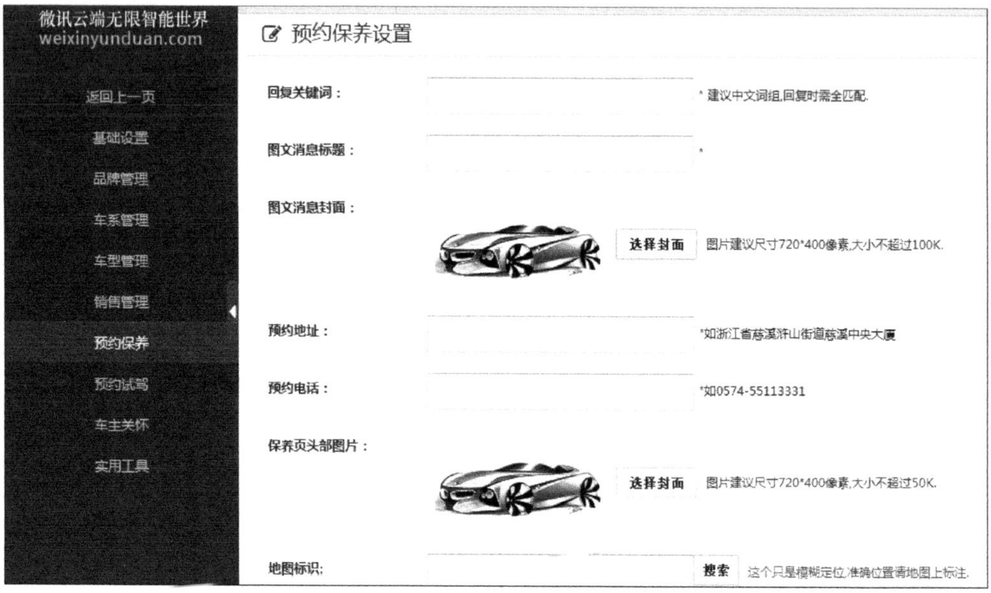

图 5-53 预约保养

7）预约试驾

用户可在此页面进行试驾时间、试驾车型、试驾品牌等设置。

8）车主关怀

点击"车主关怀"可进入编辑页面，用户可在此页面进行回复关键词、图文消息标题、图文消息封面、图文消息简介以及功能链接地址等设置。

9）实用工具

如图 5-54 所示，用户可在此页面选择是否开启保险计算、车贷计算、全款计算、车型比较、违章查询等功能。

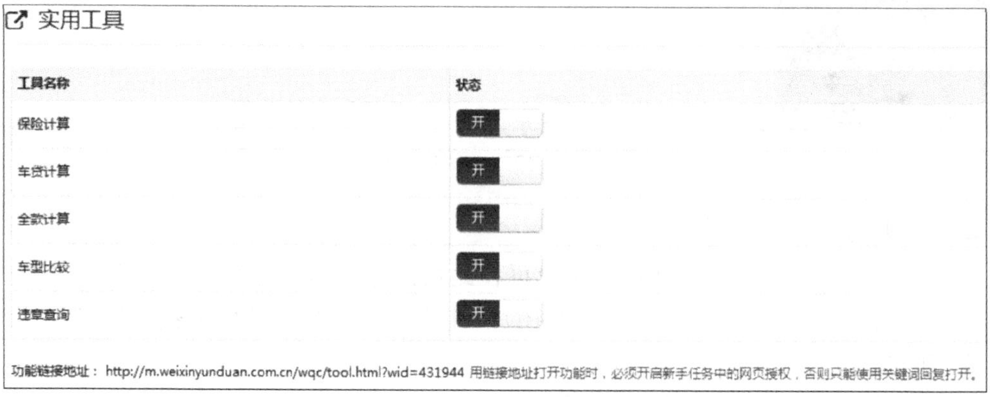

图 5-54 实用工具

4. 微房产

此功能可通过公众号实现房产行业的相关内容介绍与展示，如图 5-55 所示。

用户可在此页面进行楼盘简介、楼盘海报、楼盘信息、楼盘户型、楼盘相册、房友印象以及专家点评等设置。

图 5-55 微房产

5. 微酒店

此功能可实现在线房间预约下单等服务。可以帮助酒店经营者在微信公众号上进行信息发布、实景展示、订单管理、会员管理等设置；住客可以使用手机查询酒店地址、路线图、预订房间、在线支付、参与优惠等信息，可大大提高客户旅行的便捷性。

6. 微挂号

此功能可通过公众号来实现挂号的功能，解决挂号排队的问题，方便医院管理和建立患者档案。

7. 微医院

此功能可通过公众号实现医院行业的相关内容介绍与展示，如图 5-56 所示。

图 5-56 微医院

用户可在此页面进行回复关键词、医院名称、图文封面、医院地址、医院电话、预约页头部图片、地图标识、列表模式、医院介绍图片、医院介绍、预约说明以及预约内容等设置。

类似的互动模块还有微美容、微旅游、微食品、微健身、微教育、微酒吧、微婚庆、微花店、微物业、微KTV、微政务、微装修等，用户可根据自己的实际需求选择合适的模块。

5.3.2.6 硬件模板

1. 微信 WIFI

用户在此页面可进行 WIFI 基础设置，如图 5-57 所示。

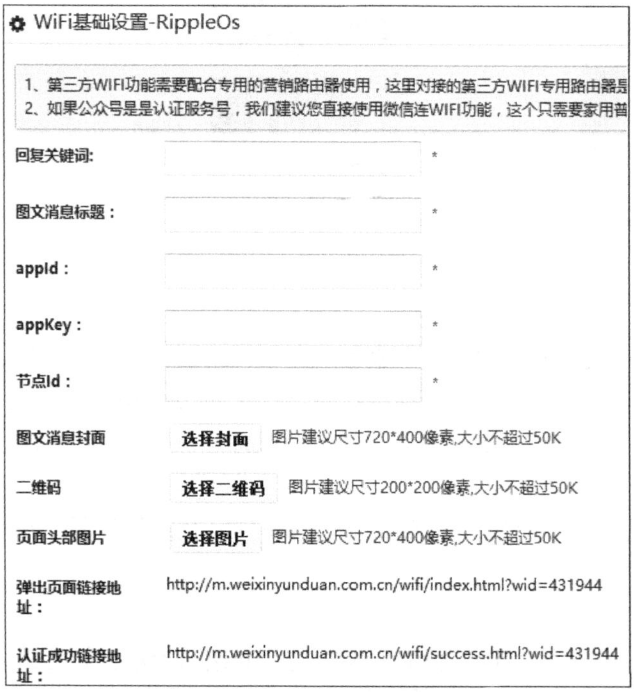

图 5-57 WiFi 基础设置

2. 无线小票打印机

无线小票打印机（订单打印机）是指无须人工处理，有微信订单的时候会自动打印订单信息的小型打印机，目前支持飞印以及易联云两种品牌的小票打印设备！

用户在此页面可点击"+添加打印机"，填写各项信息，如图 5-58 所示。

3. 摇一摇周边

（1）添加设备后返回给你的 major 和 minor，这两个值用于激活设备，请在手机端下载相关 APP 激活设备。

（2）配置工具 APP，IPhone 手机在 Appstore 上搜索 Realkit 下载，Android 手机可以在豌豆荚网搜索 Realkit 下载。

（3）开启蓝牙才能使用摇周边功能，如果是 Android 手机，先确认手机硬件是否支持蓝牙4.0，系统在4.3.3以上，IPhone 不限。

（4）设备状态会缓存，如果刚激活设备，请点击"手动更新设备状态"更新。如果点击"手动更新设备状态"还未改变，请稍等几分钟后再进行操作。

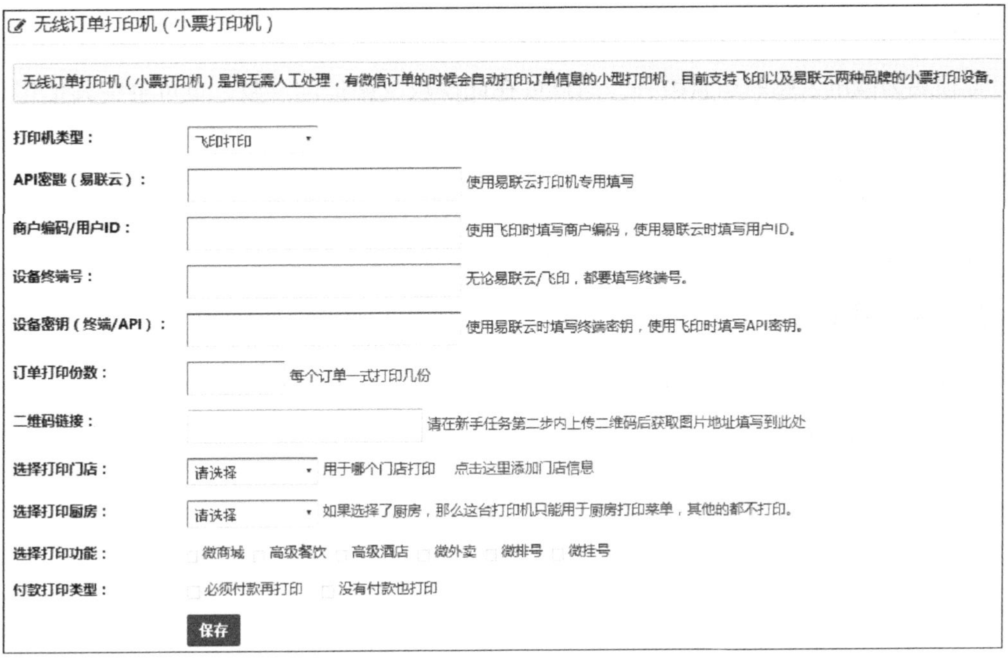

图 5-58 添加打印机

5.3.2.7 商业特权版套餐

商业特权版套餐包括：图文素材、微名片、微官网、微站、超级微站、微名片、微场景、H5 单页海报、APP 云打包、模板消息群发、幸运大转盘、幸运水果机、优惠券、刮刮卡、砸金蛋、摇一摇抽奖、优惠接力、超级投票、微召唤、微邀请、分享积分管理、拆礼盒、抢福利、分享助力、谁是情圣、摇钱树、分享达人、人气冲榜、超级贺卡、渠道二维码、微游戏、微投票 V2.0、微信客服功能、微调研、微现场、奖罚分明、走鹊桥、摁死小情侣、中秋吃月饼、幸运答题、超级表单、幸运九宫格、我要上头条、集字游戏、微商城 V5.0、微商圈、微众筹、微团购、一元夺宝、全民经纪人、疯狂砍价、降价拍、微竞拍、模板消息、微秒杀、微募捐、拼团购、微餐饮 V4.0、微排号微外卖、微酒店、微招聘、完美预约、现场签到。

以上功能都需要付费使用，用户可根据自己的需求选择合适的功能。

5.3.3 增值商店

在此页面，用户可购买套餐，分别有云端在线充值、商业特权版购买、公众号底部版权、工程师技术支持、流量包等套餐。

5.3.4 个人中心

在此页面，用户可查看自己的流量、修改账户信息并重设登录密码。

5.3.5 新手入门

在此页面，用户可观看微信云端——公众号建设思维引导视频。

5.3.6 运营教程

此模块为微讯云端的运营教程,用户可在此模块发帖提问求救,也可解答其他用户的疑惑。

5.3.7 流量管理

在此页面,用户可查看每日剩余流量以及流量包流量。

5.3.8 最新公告

在此页面,用户可查看微讯资讯的最新公告。

5.3.9 常见问题

在此页面,用户可查看微讯云端的常见问题。

第6章

金 数 据

金数据 2012 年 12 月 15 日正式上线，是人人可用的在线表单工具，可帮助用户收集和管理日常工作中的数据，提升工作效率。任何行业和岗位的人员，无须特殊技能，都可以方便地创建出符合业务需求的表单，如问卷调查、客户登记、意见反馈、活动报名、在线订单等。金数据自动收集并整理数据，可帮助用户节省工作时间，更快捷、更全面地完成工作，帮助个人、团队（中小企业乃至世界 500 强企业）更加系统高效地运转，是企业和个人必不可少的工具。

2015 年 11 月金数据加入 AdMaster（精硕科技），成为其旗下产品线之一。

6.1 账户的注册及登录

首先登录金数据（https：//jinshuju.net）进入官网首页，如图 6-1 所示。

图 6-1 金数据首页

单击右上角的"注册"，进入注册页面，如图 6-2 所示。

输入手机号码，选择验证图标，点击"开启账号"，输入短信验证码，即可设置账号昵称以及密码，完成注册。

图 6-2 注册

已注册的用户点击"登录",可直接进入登录页面,输入账号以及密码,或直接用第三方登录,进入官网后台。

6.2 用户中心

登录成功之后,点击右上角头像,可进行个人中心、模板中心、帮助中心、提交工单、关注金数据以及退出等操作,如图 6-3 所示。

图 6-3 用户中心

6.2.1 个人中心

如图 6-4 所示,此模块为用户个人中心,分别显示了用户的账号概览、账户设置、API、设置提醒、费用中心、日志、第三方服务集成、第三方服务授权等。

第 6 章 金数据

图 6-4　个人中心

6.2.1.1　账户概览

如图 6-5 所示，此页面显示了用户当前的套餐、当月可用余量、增值服务、自定义域名、账户余额等。

图 6-5　账户概览

6.2.1.2　账户设置

点击进入此页面，用户可以设置账户的邮箱、账号、密码、手机号、昵称以及绑定的社交账号（有微信、微博、QQ、明道）。

6.2.1.3　API

用户可在此页面开启 API，开启 API 访问之后，用户会获得另外一组 API Key（接口密钥键）+ API Secret（接口密钥）。通过 Key 和 Secret，用户可以使用 API 访问金数据，进行脱离金数据界面的表单展示和数据提交。

6.2.1.4 设置提醒

用户可在此页面设置微信接收数据提醒（用户可以在微信中设置接收新数据提醒和套餐到期提醒，关注金数据，按提示操作即可）、数据汇总日报（开启日报后，金数据会每日向用户推送一份日报邮件，用户无须登录金数据就可以了解其账户下活跃表单的数据收集情况）和表单新数据邮件提醒（当有新增数据时，系统会自动为该表单创建者推送数据，用户填写的表单数据，系统将不会自动推送）。

6.2.1.5 费用中心

如图 6-6 所示，用户可在此页面查看账单、消费历史、优惠券、发票等。

图 6-6 费用中心

6.2.1.6 日志

如图 6-7 所示，用户可在此页面查看表单操作日志以及短信邮件日志。

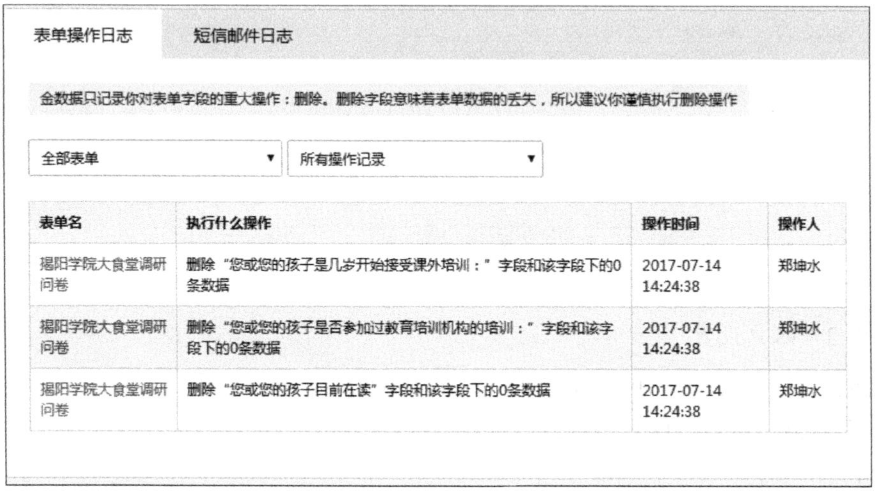

图 6-7 日志

6.2.1.7 第三方服务集成

用户可在此页面查看第三方服务集成,分别有微信公众号与支付、支付宝、Ping++、配置 SMTP 邮件服务器 。

6.2.1.8 第三方服务授权

用户可在此页面查看第三方授权,允许第三方来访问自己的金数据账户。

6.2.2 模板中心

如图 6-8 所示,此页面为模板中心。用户可在广场、个人(或通过用途、行业、专题)中筛选出自己想要的模板。

图 6-8 模板中心

6.2.3 帮助中心

如图 6-9 所示,此页面为帮助中心,用户可在此通过问题咨询获得帮助。

6.2.4 提交工单

用户可在此页面提交反馈,如图 6-10 所示。

6.2.5 关注金数据

点击进入此页面,用户可扫描关注金数据微信公众账号,可获取使用技巧、用户故事、最新公告。

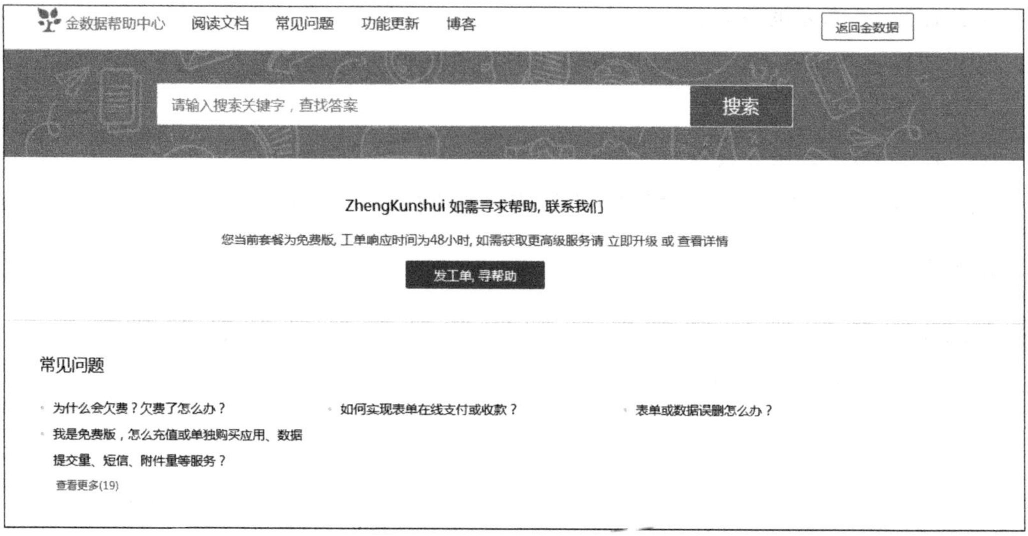

图 6-9 帮助中心

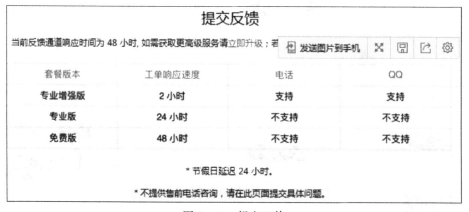

图 6-10 提交工单

6.2.6 退出

点击退出，退出当前账号。

6.2.7 消息中心

用户头像前的"🔔"为用户消息提醒，点击进入可查看历史消息。

6.3 认识网站

金数据的管理后台如图 6-11 所示，上方为功能模块导航栏，下方为表单桌面、标签。

第6章 金数据

图6-11 管理后台

6.3.1 功能导航栏

如图6-12所示,左侧为桌面,在此显示着用户建立的表单以及表单文件夹,右侧为表单标签。

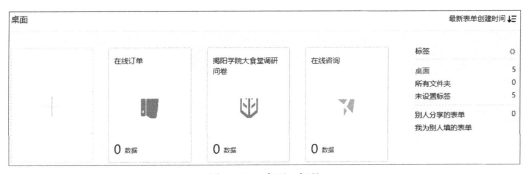

图6-12 桌面、标签

6.3.1.1 桌面
点击"+"可创建表单和文件夹。
1. 创建表单
点击"+"创建表单,如图6-13所示,用户可根据分类或专题选择适合自己的表单。
在左侧,用户可根据分类选用合适的表单,分别有常用推荐、调查问卷、报名申请、订单支付、登记汇总、考核测试等分类。当然,还有双11专场、微信运营、职场人专题、媒体人等专题可供用户选用。用户也可以在搜索框输入关键词选用合适的表单。
2. 创建文件夹
点击"+"创建文件夹,如图6-14所示,用户可填写文件夹名称,选择文件夹颜色后点击右上角的"创建",完成文件夹的创建。

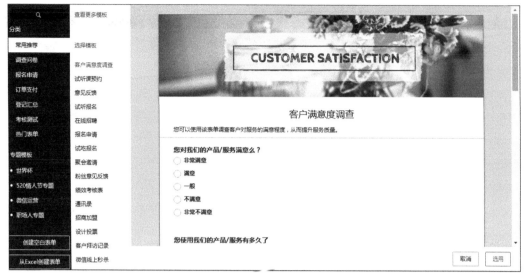

图 6-13 创建表单

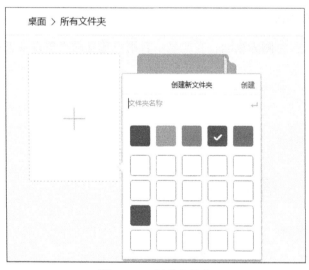

图 6-14 创建文件夹

6.3.1.2 标签

用户可根据标签查看自己的表单,可查看的项目分别有桌面、所有文件夹、未设置标签、别人分享的表单以及我为别人填写的表单。

6.3.2 应用

此页面为应用广场,分别有以下几个模块:

6.3.2.1 自定义打印

自定义打印可自动将表单收集的数据导出到自定义格式的 Word 文档中。适用于所有需要将数据填入特定格式的 Word 文件存档或打印的场景,如员工入职登记表、报销单、出差申请表、第三方检测报告、居民户籍信息表等。

支持文本数据的自定义打印有单行文字、多行文字、单项选择、多项选择、数字、时间、日期、下拉框、网址、二级下拉框、上传文件、表单关联、姓名、手机、邮箱、地址、地理位置、电话共 18 个字段,专业版支持下载文档 200 份/小时,专业增强版则支持下载文档为 1000 份/小时。

6.3.2.2 核销码

如图 6-15 所示,核销码是一款简单好用的电子凭证生成工具。用户在提交表单之后,即可生成核销码作为填写表单的唯一凭证,活动举办方可通过电脑核销,同时也支持线下微信核销。

图 6-15 核销码

1. 适用场景

适用于活动报名、服务预约、商品预售、优惠兑换、礼品领取等场景。

2. 功能特点

(1)提交表单后生成唯一的二维码和数字码。
(2)微信扫码一秒核销,快速验票。
(3)支持多人同时核销,便捷高效。
(4)每张核销码仅可核销一次,保障用户的权益。
(5)核销数据实时同步,后台查看一目了然。
(6)文案自定义可满足用户的定制需求。

3. 核销人数说明

专业版支持核销 500 人次/小时,专业增强版则支持核销 1500 人次/小时,若用户的活动规模超出限制,可提前致电客服。

6.3.2.3 现场抽奖

这是一种简单好用的现场互动功能,可对表单中已收集到的信息进行抽奖。

1. 适用场景

适用于企业年会、展览会展、新品发布、婚庆、行业峰会、娱乐演出、会议培训、体育赛事等场景。

2. 功能特点

（1）大屏滚动来宾头像随机抽奖，支持个人上传头像或采用微信头像。
（2）支持设置奖品数量，奖品抽完时会自动显示"已抽完"。
（3）未抽取的奖品展示默认礼品图片，保持抽奖神秘感。
（4）在抽奖过程中展示奖品图片，使抽奖更刺激。
（5）同一人不可重复抽奖，活动公平公正。
（6）通过自定义背景、上传品牌/活动 LOGO，可打造个性抽奖。

3. 奖池人数说明

专业版支持奖池人数为 200 人，专业增强版则为 500 人，若用户的抽奖规模超出限制，可提前致电客服。

6.3.2.4　幸运大转盘

幸运大转盘是后台控制的一种灵活的在线抽奖应用模块，可以为用户的表单添加抽奖活动，用户填写表单之后即可参与抽奖。

1. 功能特点

（1）支持针对每一奖项设置中奖概率，中什么奖用户说了算。
（2）实时增删奖项并更改奖品数量，奖池调整更灵活。
（3）抽奖页面实时显示中奖名单，活动更具公信力。
（4）抽奖次数随心设置，让用户越抽越爽。
（5）支持自定义域名打开抽奖活动，彰显品牌魅力。
（6）中奖后立即发送短信通知，线下兑奖有凭有据。
（7）有手机号码与兑奖码两种兑奖方式，兑奖过程更安全。
（8）中奖、未中奖、兑奖方式全部都可以自定义，可打造个性抽奖。
（9）抽奖活动实时开启关闭，活动进度由用户来把控。

2. 抽奖参与人数说明

专业版支持抽奖人数 500 人次/小时，专业增强版则为 1500 人次/小时，若用户的抽奖规模超出限制，可提前致电客服。

6.3.2.5　欢乐水果机

如图 6-16 所示，欢乐水果机也是后台控制的一种灵活的在线抽奖应用模块，可以为用户的表单添加抽奖活动，用户填写表单之后即可参与抽奖。

图 6-16　欢乐水果机

1. 功能特点

（1）支持针对每一奖项设置中奖概率，中什么奖用户说了算。
（2）实时增删奖项并更改奖品数量，奖池调整更灵活。
（3）抽奖页面实时显示中奖名单，活动更具公信力。
（4）抽奖次数随心设置，让用户越抽越爽。
（5）支持自定义域名打开抽奖活动，彰显品牌魅力。
（6）中奖后立即发送短信通知，线下兑奖有凭有据。
（7）有手机号码与兑奖码两种兑奖方式，兑奖过程更安全。
（8）中奖、未中奖、兑奖方式都可以全部自定义，可打造个性抽奖。
（9）抽奖活动实时开启关闭，活动进度由用户来把控。

2. 抽奖参与人数说明

专业版支持抽奖人数 500 人次/小时，专业增强版则为 1500 人次/小时，若用户的抽奖规模超出限制，请提前致电客服。

6.3.2.6 在线考试

在线考试拥有题库抽题、自动判卷、答案解析、倒计时、数据导出等功能，操作简单易上手，如图 6-17 所示。

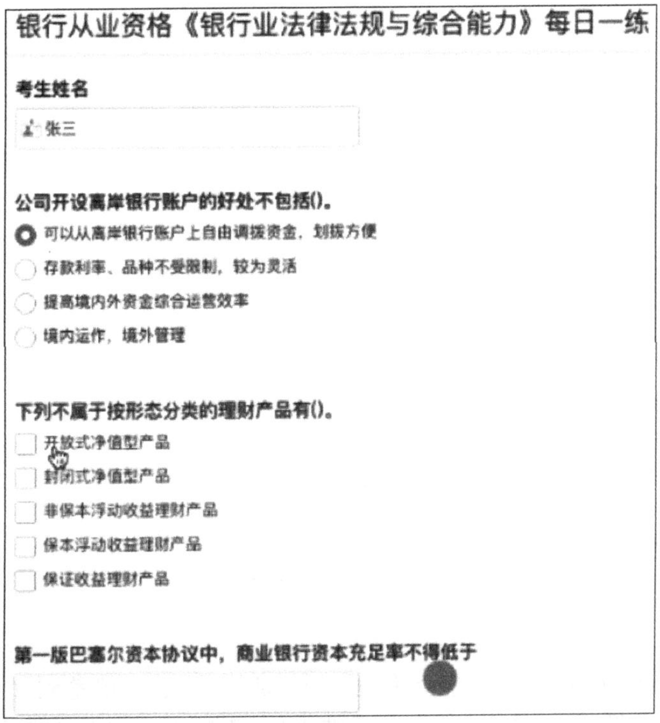

图 6-17 在线考试

1. 适用场景

适用于员工培训考核、培训机构教学、认证考试练习等场景。

2. 功能特点

（1）支持单项选择、多项选择、填空题多种题型。

(2) 填空题支持精确匹配和模糊匹配两种评分标准。
(3) 可设置答题结束后"查看答案与解析"或者"仅查看分数"。
(4) 支持题库随机出题，人人拿到的题目均有可能不同，防止泄题。
(5) 有页面倒计时显示，限时答题，到时自动交卷。
(6) 考试结果多维排序，一秒了解考生答题情况。
(7) 自定义域名发布考试，彰显品牌魅力。
(8) 考试结果可导出为 Excel，使用户不再担心数据存档。

3. 考试参与人数说明

专业版支持同时在线考试人数 200 人次/小时，专业增强版则为 1000 人次/小时，若用户的考试人数规模超出限制，请提前致电客服。

6.3.2.7 签到应用

签到应用可以为用户的报名表单加入签到功能，无须准备纸质签到本，在会场扫描二维码就能完成签到，如图 6-18 所示。

图 6-18 签到

1. 使用场景

适用于活动签到（见面会/发布会/线下沙龙/训练营）、会议签到（论坛/峰会）、培训签到（报名签到/入职培训/员工晋升/线下讲座）、资料发放（依照登记人员名单发放资料）。

2. 功能特点

(1) 支持身份证号、员工号、手机号等多个字段签到。
(2) 到达指定地理位置方可签到，数据更真实。
(3) 每台电脑或手机限签一次，防止代签。

(4) 签到结果可导出为 Excel，存档更方便。
(5) 实时展示签到与未签到人员，一目了然。
(6) 多个签到背景主题，满足你的个性需求。
(7) 签到文案自定义，打造属于你的签到。
(8) 签到适用于各行各业。

3. 签到人数说明

专业版支持签到人数 500 人次/小时，专业增强版则为 1000 人次/小时，若用户的签到人数超出限制，请提前致电客服。

以上所有套餐均可试用，仅付费用户可购买使用。

6.4 案例解析

6.4.1 案例1　创建表单

点击"创建空白表单"，如图 6-19 所示，用户可创建一个空白表单，创建完的表单会显示概述、编辑、规则等信息。

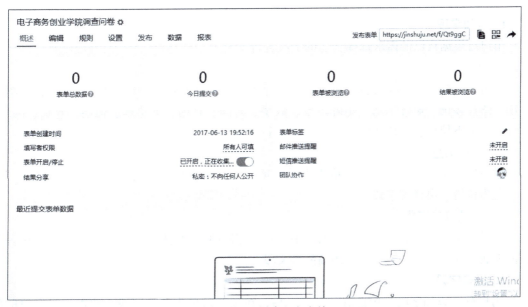

图 6-19　创建空白表单

6.4.1.1　概述

此页面详细地展示了当前表单的网址、二维码、表单总数据、今日提交、表单被浏览、结果被浏览、表单创建时间、填写者权限、表单开启/停止、结果分享、表单标签、邮件推送提醒、短信推送提醒、团队协作以及最近提交表单数据，如图 6-20 所示。

6.4.1.2　编辑

用户可在此页面编辑表单，其中包括添加字段、编辑字段、表单样式。

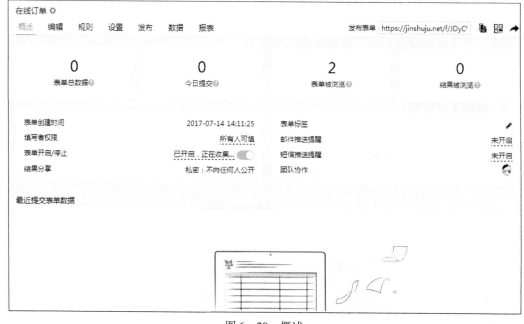

图 6-20 概述

1. 添加字段

用户可根据自己的需求选择合适的字段进行编辑。

1）通用字段

通用字段提供最基本的表单功能。有单行文字、多行文字、单项选择、多项选择、图片单选、图片多选、矩阵单选、矩阵填空、数字、时间、日期、下拉框、描述、分页、网址、评分、两级下拉框、上传文件、表单关联等字段。

2）联系信息字段

联系信息字段可以让表单获取更多关于填写者的个人信息。有姓名、手机、邮箱、地址、地理位置、电话等字段。

3）商品订单字段

商品订单字段是金数据为小电商和中小企业定制的一种特殊的字段，它可以让表单具备商品销售功能。有配图商品、无图商品等文段。

2. 编辑字段

用户在"添加字段"中选取一个字段后，在预览表单中左击字段，便可编辑字段的信息，如图 6-21 所示。

3. 表单样式

1）页面背景

用户可设置背景为图片或纯颜色，同时还可以上传图片作为表单的背景图片（图片尺寸建议为 1900mm×960mm）。

2）表单全局

用户可设置电脑的宽度（如较窄/正常/较宽，但此功能仅在电脑浏览器上生效）、手机宽度（如边缘缩进/全屏展示，但此功能仅在手机浏览器上生效）、样式、边框。

第6章 金数据

图6-21 编辑字段

3）页眉

用户可设置页眉样式（可以用文字或图片作为表单的页眉，更利于品牌宣传，同时可以上传图片作为表单的页眉图片，图片宽度建议为1600px，高度不限）、布局（居左/居右/居中）、背景颜色。

4）表单标题

用户可对表单标题进行字体、字号、加粗、选择颜色的操作并选择对齐方式。

6.1.2.3 规则

点击"规则"可进入规则设置页面，如图6-22所示。

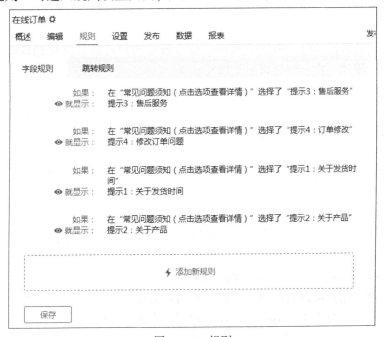

图6-22 规则

1. 字段规则

用户可以为单项选择字段（单项选择、图片单选、下拉框）设定规则，在填写者选择某选项，满足触发规则之后，预告设置的文字段将会显示出来。

2. 跳转规则

用户可以为单项选择字段（单项选择、图片单选、下拉框）设定一些跳转规则，当填写者选择某选项并提交后，跳转到指定网址。

6.1.2.4 设置

点击"设置"可进入设置页面，如图6-23所示。

图6-23 设置

1. 数据收集

1）填写者权限

用户可设置填写者身份（所有人可填、仅金数据用户可填、仅管理员可填）和填写频率（不做限制、限填一次、每日可重复填写）。

2）填写设置

用户可设置参加者是否凭密码填写、是否显示分享二维码、是否允许填写者在登录金数据后修改结果、是否在提交前需填写验证码，同时可以选择发布表单语言。

3）表单开启/停止

用户可设置是否开启表单，如果开启，则还可设定开启/停止时间、设定数据量上限、设定每日开启时段。

4）嵌入美洽聊天

借助该功能，填表者可以在表单页面发起与用户对话，从而提高表单填写率。用户需要先去美洽申请一个账户并查看企业ID。

5）Google Analytics（谷歌分析）跟踪ID

借助该功能，用户可以追踪记录该表单被浏览的详细情况，比如访客数量、访客来源、使用的设备。用户需要先去Google Analytics申请一个跟踪ID。

6）友盟（U-WEB）网站统计

友盟（U-WEB）网站统计提供安全、可靠、公正的第三方网站访问免费统计。如需跟踪这个表单在友盟 U–WEB 网站统计的访问情况，需填入友盟 U–WEB 网站统计的站点 ID，并确保 jinshuju.net 以及自定义域名位于域名列表中。

2. 数据提交

1）填写者填完表单后

用户可以设置填写者填完表单后展示的提示文字、提示文案、插入表单字段，以及是否向填写者展示其序号，是否展示"再填一次"的链接，是否提醒用户注册或者登录，以保存数据，是否展示社交网站分享链接。

2）确认码

用户可开启允许参加者在提交表单之后展示一串代码，如优惠码、优惠券、代金券等，同时可以设置确认码文案、长度。

3）将数据以 JSON 格式发送给第三方

用户可设置是否将数据以 JSON（一种轻量级的数据交换格式）格式发送给第三方，金数据会在收到数据后，向对应的地址发送 JSON 格式数据。该服务器需在 2 秒内作出应答。如果出错，金数据会重试最多六次。

3. 推送提醒

1）系统自动推送提醒

当有新增数据时，系统会自动推送该表单，用户自己填写的表单数据，系统不会自动推送。用户可设置是否对新数据/邮件进行自动提醒。

2）短信推送提醒

当表单新增数据时，用户可以设置通过短信将自定义的数据发送到指定的手机号。

3）自定义邮件推送提醒

当表单新增数据时，用户可以设置通过邮件将自定义的数据发送到指定的邮箱。

4. 结果分享

1）分享结果

用户可设置结果分享页面浏览权限（私密、加密、公开）。

2）对外查询

用户公开对外查询后，其他人可在该页面上通过输入"查询条件"来搜索对应的数据，比如单行/多行文本、单项选择、数字、邮箱、网址、电话、手机或下拉框。对数据进行的操作（提交、修改、删除）5 分钟后才会在公开查询页面生效。

5. 支付方式

当表单中包含商品字段时，用户可以选择绑定第三方支付方式，用于自动收款，在试运行期间，交易款流量不收手续费（支付宝收款功能暂时不能使用）。

6. 团队协作

金数据向用户提供了基于表单的团队协作功能，用户可以添加多人成为表单管理员或数据维护员，以满足用户想将表单交给专人打理或者让多人对数据进行维护的需求。

7. 提示文案

用户可以在这里修改表单各个地方的提示文字，如表单提交按钮、表单暂未开放、表单停止提交、凭密码填写表单、凭密码查看表单结果、凭密码查看表单结果搜索。

8. 微信增强

1）微信用户信息收集

用户可设置是否只在微信中打开、是否禁止在微信中分享、是否需要收集微信昵称等信息（收集这些信息将极大地丰富数据的真实性，更加清楚地了解填表者的情况）。

2）推送微信消息

当参加者在微信中提交新增数据时，用户可以设置发送给提交参加者一条自定义的微信数据通知。

开启此功能需要满足下列条件：

（1）具备微信认证服务号。

（2）"微信用户信息收集"选择的方式是"通过您自己的微信认证服务号来收集"。

（3）受限于微信公众平台，消息推送仅限于 48 小时内与认证服务号有交互的用户，金数据不提供任何推送记录。

6.1.2.5 发布

点击"发布"可进入发布页面，如图 6-24 所示。

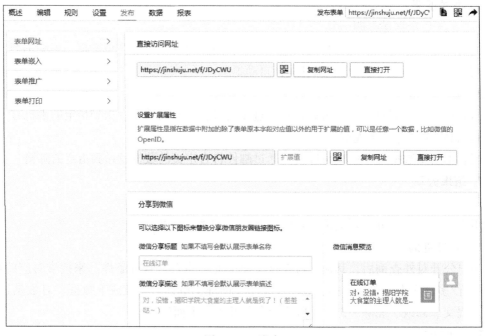

图 6-24 发布

1. 表单网址

用户可进行直接访问网址或设置扩展属性操作（指在数据中附加的除了表单原本字段对应值以外的用于扩展的值，可以是任意一个数据）；同时可选择图标来替换分享微信朋友圈链接图标将表单分享到微信。

2. 表单嵌入

1）在微信中嵌入表单

用户点击"复制代码"后，将代码粘贴到微信自定义菜单或微信图文链接中即可。

2）在网页中嵌入悬浮按钮

用户可以在网页中嵌入悬浮式按钮，点击后可在新页面打开表单。

3）在网页中嵌入表单

用户点击"复制代码"后，将代码粘贴至网页 HTML（超大本标记信息）期望的位置即可。但不能在一个页面中嵌入多个表单，这会影响表单排版等一系列问题。

4）在 WordPress[①] 中嵌入金数据表单

用户点击"复制代码"后，在博客后台打开插件——添加插件，搜索"jinshuju"并安装启用，然后在编辑文章时插入代码即可。

3. 表单打印

如果用户想让参加者在纸上填写，可以放心把表单打印出来。系统为表单字段专门优化了打印的效果。

6.4.1.6 数据

用户用表单收集到的数据，系统将会以表格的形式呈现出来，如图 6-25 所示。

在此页面，用户可进行重新加载数据、添加数据、从 Excel 追加、删除、批量编辑、发送短信 & 邮件、搜索数据、按提交日期筛选、筛选数据、查看数据变更记录、显示或隐藏各列数据、数据分享、导出 & 打印（数据）等操作。

图 6-25 数据

6.4.1.7 报表

用户用表单收集到的数据，系统会以报表的形式呈现出来。

6.4.2 案例 2 从 Excel 创建表单

用户可以便捷地将 Excel 中的数据导入金数据中，同时为其自动创建新的表单。

但 Excel 文件应符合以下标准：

（1）后缀名为 xls 或者 xlsx。

（2）数据请勿放在合并的单元格中。

（3）文件大小请勿超过 1.0 MB。

（4）文件所含数据行数请勿超过 2000 行。

---

① WordPress 是一款个人博客系统。

第7章

腾讯风铃

腾讯风铃是 2013 年 12 月 10 日由腾讯官方推出的首款微信开发工具。通过腾讯风铃系统，开发者可以进行基于微信的网站建设，目的是给腾讯网和腾讯地方网站推送服务。腾讯风铃的核心卖点主要是帮助企业在微信上建设网站，让企业通过建设"微网站"的形式推送服务。

7.1 账户的注册及登录

首先登录腾讯风铃（www.eqxiu.com）进入官网首页（为了获得更好的体验，建议用户使用谷歌浏览器）。没有使用过腾讯 QQ 的用户可先注册一个腾讯 QQ 官网的 QQ 账号，如图 7 – 1 所示，单击右上角的"登录"，用 QQ 号码直接登录腾讯风铃。

图 7 – 1　腾讯风铃首页

7.2 用户中心

登录成功之后，点击右上角的头像，可进行我的站点、我的素材、微信管理以及退出等操作。如图 7-2 所示。

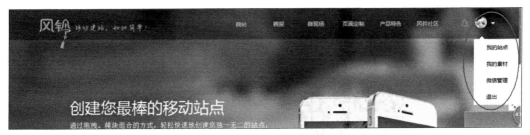

图 7-2　用户中心

7.2.1 我的站点

此模块显示为用户建设的所有站点、画报、微站以及桌面，用户可以在搜索框中填写站点名称/ID 搜索自己建设的站点。如图 7-3 所示，搜索成功后，用户可对该站点进行预览、访问、编辑以及数据管理等操作。其中，"zkss"为站点的名称，"2000512516"为站点的 ID，PV/UV 为站点的浏览量、访问人数，左下角为站点的二维码；除此之外，还可以进行删除、复制、下线此站点及其他具体操作。

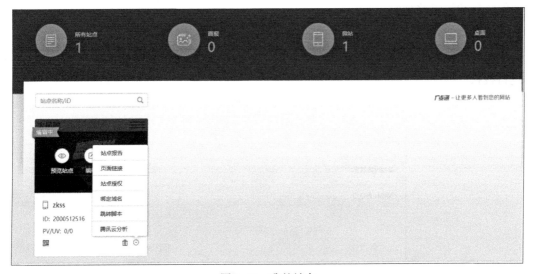

图 7-3　我的站点

7.2.1.1 站点报告

如图 7-4 所示，站点报告包含以下信息：

1. 互动组件即时消息

即时推送用户提交的相关组件数据。

2. 站点用户访问数据

可显示每日访问量、用户量（PV、UV）以及访问量、用户量趋势图。

注意：一个微信号，可以关注最多 3 个报告。

图 7-4　站点报告

7.2.1.2　页面链接

点击进入此页面，可以看到站点各个页面的名称、url、查看页面和页面二维码、复制页面的链接和编辑此页面。

7.2.1.3　站点授权

如图 7-5 所示，用户可在此页面添加站点授权，输入被授权者的姓名及 QQ 号码，对其进行授权。

图 7-5　站点授权

7.2.1.4　绑定域名

如图 7-6 所示，用户可在此页面对站点绑定自定义域名。另外，无论用户使用的自定义域名是否已备案，都必须在腾讯云备案。

图 7-6　绑定域名

7.2.1.5　跳转脚本

如图 7-7 所示，用户可以直接复制跳转脚本代码。跳转脚本的用途是：将跳转脚本嵌入 PC 站点中，即可实现手机访问时自动跳转到移动站点。

图 7-7　跳转脚本

7.2.1.6　腾讯云分析

用户进入此页面可以查看该站点的腾讯云数据分析，可以查看该站点的网站概况、基础运营、转化跟踪及监控检测等信息。

7.2.2　我的素材

此页面是用户保存的文章，用户可以在搜索框搜索自己的文章查看，且可以对文章添加标签。

7.2.3　微信管理

7.2.3.1　账号与素材管理

1. 微信账号管理工具

如图 7-8 所示，用户可以在此页面添加微信公众号（最多可添加 999 个公众账号），并且对其进行授权管理。

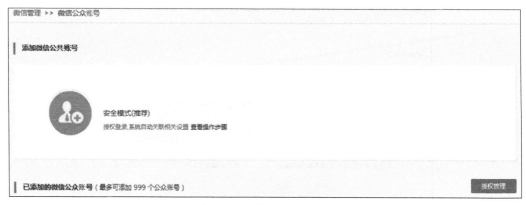

图 7-8　微信账号管理工具

2. 素材管理工具

用户可以在此页面通过素材管理工具配置需要在微信公众平台上发布的图文消息,方便管理素材。

7.2.3.2　微信应用功能

绑定后的微信公众号可使用以下几种应用功能：

1. 自定义菜单

用户可添加一个菜单,然后为其设置响应动作,如图 7-9 所示,用户可在右上角选择是否开启此功能。用户最多可创建 3 个一级菜单,每个一级菜单下最多可创建 5 个二级菜单,编辑中的菜单不能直接在用户手机上生效,用户需要进行发布,发布后 24 小时内所有的用户都将更新到新的菜单。

图 7-9　自定义菜单

2. 微信智能回复

如图 7-10 所示,用户可在右上角选择是否开启此功能,并在文本框内设置智能回复的文本。

图 7 – 10　微信智能回复

3. 微信地图

点击"添加门店",可添加门店的具体信息,如图 7 – 11 所示。

图 7 – 11　添加门店

4. 微信群发、多客服以及数据统计

这些功能需要已经完成认证的公众号才可使用。

7.2.4　退出

点击"退出",退出当前账号。

7.2.5　消息中心

在用户头像前的"🔔"是用户消息提醒,点击进入可查看历史消息。

7.3 认识网站

腾讯风铃的管理后台如图7-12所示,上方为功能导航栏,中间为个人数据,下方依次为"创建您最棒的移动站点""我们提供的服务""成功案例"以及"合作伙伴"。

图7-12 管理后台

7.3.1 功能导航栏

7.3.1.1 微站

微站,是移动互联网时代的新概念,其随着智能手机等移动微站终端的普及而产生,是移动互联网时代企业的基础应用平台和移动门户,也是移动互联网统一数据的入口。使用微站,可以快速构建手机网站、生成手机客户端APP,并集成与微信、微博、二维码的数据接口,实现企业信息化管理与移动互联网技术的结合。如图7-13所示。

图7-13 微站

点击"微站",进入微站界面,如图 7-13 所示。在此界面,有各种分类可进行筛选,用户可以根据自己的需求选择适合的微站进行编辑。分类有以下两种:

1. 热门

包括年会、营销、预约、节日、招聘。

2. 行业

包括全部、房产、酒店、餐饮、旅游、金融、汽车、娱乐、服务、婚庆、教育、制造、媒体、商品、摄影、高校、政务。

用户选取合适的模板,点击"预览效果"进行在线预览,如图 7-14 所示,也可用手机扫描二维码进行手机预览,再根据自己的实际情况进行编辑。

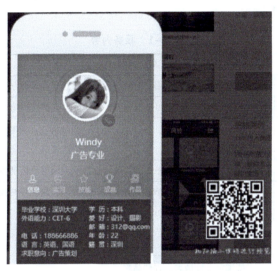

图 7-14 预览

7.3.1.2 画报

与易企秀的功能相似,详情请参看易企秀章节。

7.3.1.3 微现场

详情请参看微现场章节。

7.3.1.4 页面定制

此模块为腾讯风铃页面定制功能,为花瓣美思接口,为用户提供高质量、高效率、无风险的设计服务平台。

花瓣美思是一款非常具有个性化的设计工具,拥有多位优秀的设计师,拥有巨涌海量优秀的设计代表作品,用户可以定制个性化的页面,但需要收费。

7.3.1.5 产品特色

此页面详细介绍了腾讯风铃的产品特色。

1. 丰富的组件任意搭配

可为用户提供类似于 PPT 的自由建站体验,其展示类、抽奖类、表单类等组件可轻松搭建精美站点。

2. 精准分析站点数据

使用腾讯云分析，可精准分析用户类型、访客画像，帮助用户分析各大搜索引擎关键词为网站带来的流量情况，为网站 SEO（搜索引擎优化）优化提供依据，帮助用户站点盈利。

3. 腾讯专属 CDN[①] 加速

全面加速，安全防护，可提高用户访问的响应速度和成功率。解决因分布、带宽、服务器能力带来的访问延迟问题，提供一系列加速解决方案。

4. 免费更改品牌标识

支持画报替换品牌 LOGO，支持站点和画报去平台标识，打造用户的专属站点，有利于用户宣传品牌。

服务内容如表 7-1 所示。

表 7-1 服务内容

	服务内容	
建站能力	组件	多种类型组件组合使用，为用户提供各行业技术解决方案
	模板	丰富实用模板，用户可以保存为常用模板，支持模板随时复用
	画报	类似于 PPT 式的操作，支持上下翻页、动画特效，为用户提供如邀请函、年会等场景解决方案
	站点	展示类、抽奖类、表单类等组件随意搭配，为用户提供各行业技术解决方案
	PSD 导入	支持 PSD（图片文件格式）源文件一键导入，简化用户操作
站点功能	站点授权管理	支持站点授权指定用户操作，方便管理
	无限站点数量	站点支持删除、复制、下线、人性化、多场景使用
	绑定独立域名	支持绑定个性域名，宣传品牌
	腾讯专属 CDN 加速	全面加速，安全防护，提高用户访问的响应速度和成功率
站点数据	基础数据	强大的站点组件数据全面展示，为用户提供查看、核实、统计、导出数据等贴心操作
	腾讯云分析	分析各大搜索引擎关键词为网站带来的流量情况，为网站 SEO 优化提供依据
	每日访客报告	通过微信查看站点信息，站点数据随时掌控
微信支持	公众号管理	完美对接公众号，实现公众号、站点同账号管理
	自定义微信分享	支持微信分享内容和图片自定义
附加功能	自定义品牌 LOGO	画报支持自定义品牌 LOGO，有利于用户宣传品牌
	去掉平台标识	支持站点和画报去平台标识，打造用户的专属站点

7.3.1.6 风铃社区

此模块为腾讯风铃的用户社区，用户可自己在此模块发帖提问求救，也可解答其他用户的疑惑。同时，还有操作手册风铃大讲堂、系统公告、新功能公告、风铃问答、谈天说地、优秀站点、素材分享等功能。

[①] CDN 的全称是 Content Delivery Network，即内容分发网络。

7.3.2 创建您最棒的移动站点

用户可点击直接进入微站界面,创建自己的移动站点。

7.3.3 我们提供的服务

此页面包含以下信息:

1. 展示类

包括幻灯片、微视频、微音频、分类文章。

2. 互动类

包括水果机、刮刮乐、大转盘、摇一摇、打电话、微论坛、微调查。

3. O2O 类

包括门店导航、智能预约、酒店预订、商品列表、微报名、微试驾、微看房、会员卡、微餐饮。

4. 渠道拓展类

包括微信分享、微博关注、WIFI 加粉、QQ 客服。

5. 其他

包括开场特效、便捷菜单、图文菜单、门店加盟。

7.3.4 成功案例

此页面展示了用户的成功案例,用户可进行简单的在线预览,用户提供二维码后,还可进行实时的手机预览。

7.3.5 合作伙伴

合作伙伴有广达通、腾讯云、DNSPOD[①]、叶根友字体。

7.4 案例详解

案例:创建一个微站空白模板。

点击"微站"进入微站界面,选择微站空白模板下的"立即使用",进入"站点信息配置"页面,如图 7-15 所示。填写站点名称、站点域名、所属行业以及验证码,点击"提交",进入站点编辑首页,如图 7-16 所示。

在此页面中,左边为页面、模板、组件三大功能模块,右边为站点编辑页面。

7.4.1 页面

在此模块中,显示了当前站点编辑的所有页面,用户可以选择任意页面进行预览、重命名、删除、设为模板等操作,也可添加页面或任意拖动页面进行页面排序。

[①] DNSPOD 建立于 2006 年 3 月,是一款免费智能 DNS 产品,可以同时为有电信、联通、教育网服务器的网站提供智能解析。

图 7-15　站点信息配置

图 7-16　站点编辑首页

7.4.2　模板

在此模块中，主要有各个页面的页面模板，分为系统模板以及我的模板。其中，系统模板可按全部行业、全部风格进行搜索，以便用户筛选模板；我的模板中包含用户自己创建过的或者保存的所有页面模板。用户选择自己想要的模板后，点击可将选取的页面模板的所有组件覆盖到当前页面的已有组件中。

4.4.3 组件

在此模块中,有常用组件和功能性组件。

1. 常用组件

包括文本、艺术字、矩形、图形、分割线、按钮、音频、视频、图片、幻灯片、相册、图文集等组件。

2. 功能性组件

(1) 布局类的组件有便捷菜单、图文菜单、开场特效、分类文章。

(2) 互动类的组件有兑换码、刮刮乐、大转盘、摇一摇、九宫格、微投票、智能表单。

(3) 工具类的组件有 QQ 客服、拨打电话、地图定位、微论坛、留言板、地点导航。

4.4.3.1 常用组件

1. 文本

点击"文本",会在画布中出现一个文本框,用户可对文本进行编辑,如图 7 – 17 所示。

图 7 – 17 文本

1) 功能菜单

双击文本框,会在文本框上方显示一个功能菜单,分别有以下几种:

(1) 字号:调整文字的大小,可在 12~72PX 之间调节。

(2) 行高:调整文字的行高。数值越大,行高越大。

(3) 加粗:对文字进行加粗。

(4) 倾斜:使文字倾斜。

(5) 文本颜色:调整文字的颜色。

(6) 背景颜色:调整文本的背景颜色。

(7) 左对齐:使文字向左对齐。

（8）居中：使文字居中。

（9）右对齐：使文字向右对齐。

（10）插入/编辑超链接：可对文本进行插入或编辑超链接操作。

（11）取消超链接：取消文本的超链接。

（12）按住文本框左上角旋转，可对文本框进行360°旋转。

2）组件设置

在站点画板的右边，会出现文本的组件设置，组件设置有以下几种：

（1）边框：可选择文本框的大小、颜色以及样式。

（2）背景：可选择文本框的背景颜色。

（3）不透明度：可对文本框进行不透明度调整，数值越小，文本框越透明。

（4）圆角：可对文本框进行圆角处理，数值越大，角越圆。

（5）位置：输入数值，可调整文本框的上下、左右位置。

（6）尺寸：输入数值，可调整文本框的宽与高。

2. 艺术字

点击"艺术字"，会在画布右边出现艺术字的组件设置，组件设置有以下几种：

（1）输入文字：用户可输入要艺术处理的文字。

（2）链接：可对艺术字进行外部链接、内部链接以及返回上一页的操作，并在下方设置好链接地址。

（3）颜色、大小：可对艺术字进行选取颜色以及调整文字大小的操作。

（4）对齐：有左对齐、居中、右对齐三种对齐方式。

（5）行距：调整艺术字的行距。

（6）背景：调整艺术字的背景颜色。

（7）边框：可选择艺术字边框的颜色、样式以及大小。

（8）透明度：可对艺术字文本框进行透明度调节，数值越小，文本框越透明。

（9）圆角：可对艺术字文本框进行圆角处理，数值越大，角越圆。

（10）字体：可选择艺术字的字体样式。

（11）位置：输入数值，可调整文本框的上下、左右位置。

（12）尺寸：输入数值，可调整文本框的宽与高。

3. 矩形

点击"矩形"，会在画布上出现一个矩形，在画布的右边，可进行边框、背景、不透明度、圆角、位置、尺寸等操作，如图7-18所示。

4. 图形

点击"图形"，会在画布上跳出"选择图形"界面，有基础图形和边框可供选择。在画布的右边，可进行颜色填充、图片填充、不透明度、位置、尺寸等操作。

图7-18 矩形

5. 分割线

点击"分割线",会在画布上出现一条分割线,在画布的右边,可进行颜色、线宽、样式、左箭头、右箭头、不透明度、位置、尺寸等操作。

6. 按钮

点击"按钮",会在画布上出现一个按钮,在画布的右边,可选择按钮的样式,有标准按钮、图文按钮、渐变按钮以及透明按钮,也可进行按钮文字、链接、链接地址、文字颜色大小、背景、边框、不透明度、圆角、位置、尺寸等操作。

7. 音频

点击"音频",会在画布上出现一个音频图标,在画布的右边,可选择图标的样式,也可选择音乐或自己上传音乐,但只可上传5M以下的MP3,同时可以设置图标的位置和尺寸。

8. 视频

点击"视频",会在画布上出现一个视频界面,在画布的右边,可添加视频的地址,但仅支持腾讯视频地址,同时可设置视频的位置和尺寸。

9. 图片

点击"图片",会在画布上出现一个选择图片页面,在页面中有我的图片、系统图片、搜索图片,用户可根据自己的需求选择图片,在画布的右边,可对图片进行更换或裁减的操作,同时可进行添加图片的链接、边框、不透明度、位置和尺寸的操作。

10. 幻灯片

点击"幻灯片",会在画布上出现一个幻灯片页面,在画布的右边,可设置图片的信息,如图7-19所示。可调整播放顺序、添加幻灯片、描述幻灯片以及添加链接。同时可进行播放方式、切换速度、位置和尺寸的操作。

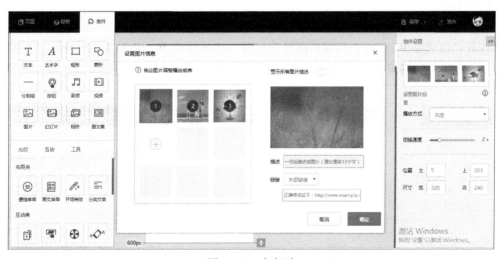

图7-19 幻灯片

11. 相册

点击"相册",会在画布上出现一个九宫格相册,如图7-20所示。在画布的右边,可对相册进行设置,可调整播放顺序、添加相片。同时可进行选择相册样式、位置和尺寸的操作。

图 7-20 相册

12. 图文集

点击"图文集",会在画布上出现一个图文集。在画布的右边,可选择图文集的样式,对图文集进行输入文字、链接、链接地址、颜色、大小、对齐方式、行距、背景、边框、透明度、圆角、字体的操作。

7.4.3.2 功能性组件

1. 布局类

1)便捷菜单

点击"便捷菜单",会在当前页面底端出现一个便捷菜单,如图 7-21 所示。在画布的右边,可对其进行编辑,如对便捷菜单的样式以及内容进行设置,同时可以进行位置和尺寸的操作。

图 7-21 便捷菜单

(1) 样式设置：可设置菜单的背景以及文字的颜色。

(2) 内容设置：可更换图片、填写名称、添加链接以及添加菜单项，但最多只能添加 5 个菜单项。

2）图文菜单

点击"图文菜单"，会在画布上出现一个图文菜单。在画布的右边，可对其进行编辑。

(1) 样式设置：可设置菜单的类型、菜单的形状、布局、文字颜色、文字阴影以及动画。

(2) 内容设置：可更换图片、填写菜单名称、添加链接以及添加菜单项，但最多只能添加 12 个菜单项。

3）开场特效

点击"开场特效"，为站点添加一个开场特效。在画布的右边，可对其进行编辑，用户选择图片，可以进行位置和尺寸的操作。

4）分类文章

点击"分类文章"，会在当前页面底端出现分类文章。在画布的右边，可对其进行编辑，如图 7-22 所示，可对分类文章的内容以及样式进行设置，同时可以进行位置和尺寸的操作。

图 7-22 分类文章

(1) 内容设置：可添加分类、添加文章，并对文章进行编辑、删除、复制超链接等操作。

(2) 样式设置：可对分类显示、列表样式、发布时间、阅读数量、点赞数量、便捷菜单等进行操作。

2. 互动类

1）兑换码

点击"兑换码"，会在画布上出现一个"立即领取"的兑换码。在画布的右边，可对其进行编辑，如图 7-23 所示，可对兑换码的组件配置、资料配置、兑换码设置进行设置，同时可以进行位置和尺寸的操作。

图7-23 兑换码

（1）组件设置：可设置兑换码的名称、开始时间、结束时间、按钮颜色、文字设置、领取前文字、领取后文字以及使用链接。

（2）资料设置：最多可设置5个资料收集项。

（3）兑换码设置：可设置兑换码的发放方式以及兑换码数据源。

2）刮刮乐

点击"刮刮乐"，会在画布上出现一个"刮刮乐"界面。在画布的右边，可对其进行编辑，可对刮刮乐的基本内容、奖项设置、中奖方式、资料设置以及增强设置进行设置，同时可以进行位置和尺寸的操作，如图7-24所示。

图7-24 刮刮乐

点击右边"组件编辑",可进行组件设置。

(1) 基本内容:可设置组件名称、开始时间、结束时间、抽奖次数和风格类型。

(2) 奖项设置:可设置奖项,最多可设置 5 个奖项。

(3) 中奖方式:有风铃自动分配、随机中奖以及均匀中奖 3 种方式。

(4) 资料设置:可设置抽奖的资料、姓名、手机号码以及地址(为必填项),用户可根据实际情况添加输入项。

3) 大转盘

点击"大转盘",会在画布上出现一个"大转盘"界面。在画布的右边,可对其进行编辑,可对大转盘的基本内容、奖项设置、中奖方式、资料设置以及增强设置进行设置,同时可以进行位置和尺寸的操作,如图 7 – 25 所示。

图 7 – 25　大转盘

4) 摇一摇

点击"摇一摇",会在画布上出现一个"摇一摇"界面,如图 7 – 26 所示。在画布的右边,可对其进行编辑,可对摇一摇的基本内容、奖项设置、中奖方式、资料设置以及增强设置进行设置,同时可以进行位置和尺寸的操作。

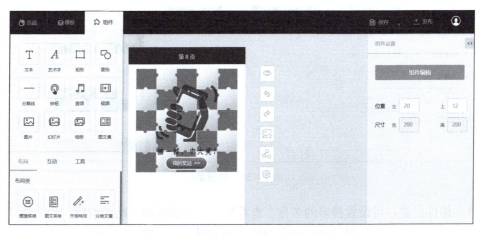

图 7 – 26　摇一摇

5）九宫格

点击"九宫格"，会在画布上出现一个"九宫格"界面，如图7-27所示。在画布的右边，可对其进行编辑，可对九宫格的基本内容、奖项设置、中奖方式、资料设置以及增强设置进行设置，同时可以进行位置和尺寸的操作。

图7-27 九宫格

6）微投票

点击"微投票"，会在画布上出现一个"微投票"的界面。在画布的右边，可对其进行编辑，如图7-28所示，可对微投票的组件设置、问题设置进行设置，同时可以进行位置和尺寸的操作。

图7-28 微投票

（1）组件设置：可设置投票的名称、查看权限、开始时间、结束时间、列表样式。

（2）问题设置：可设置问题、问题为单选或多选、问题的选项（最多35个）、选项的图片等，最多可设置 20 个问题。

7）智能表单

点击"智能表单"，会在画布上出现一个"智能表单"界面。在画布的右边，可对其进行编辑，可对智能表单的基本内容、控件设置、提交设置、增强设置进行设置，同时可以进行位置和尺寸的操作。

注意：所有组件都可以通过右击进行复制、粘贴、删除、置于顶层、置于底层、占满一行、固定到浏览器、向下全选的操作。

7.4.3.3 保存

点击"保存"，将当前站点保存到"我的站点"中。

7.4.3.4 发布

点击"发布"，将站点发布到网上，发布成功的站点，可进行在线预览、手机预览以及复制链接的操作。

第8章

微 现 场

腾讯微现场,是由腾讯互动广告研发中心推出的一整套现场互动活动解决方案,其中包括人屏幕上墙、大屏幕抽奖等丰富的现场互动功能,旨在帮助用户提高各类现场活动的互动效果,嗨翻全场。

8.1 账户的注册及登录

首先登录腾讯微现场(http://xianchang.qq.com/)进入官网首页。在这里,没有使用过腾讯 QQ 的用户可先注册一个腾讯 QQ 官网 QQ 账号,如图 8-1 所示,点击右上角的"进入微现场",用 QQ 号码直接登录微现场。

图 8-1 腾讯微现场首页

8.2 认识管理后台

登录成功之后，直接进入微现场管理后台，如图8-2所示。

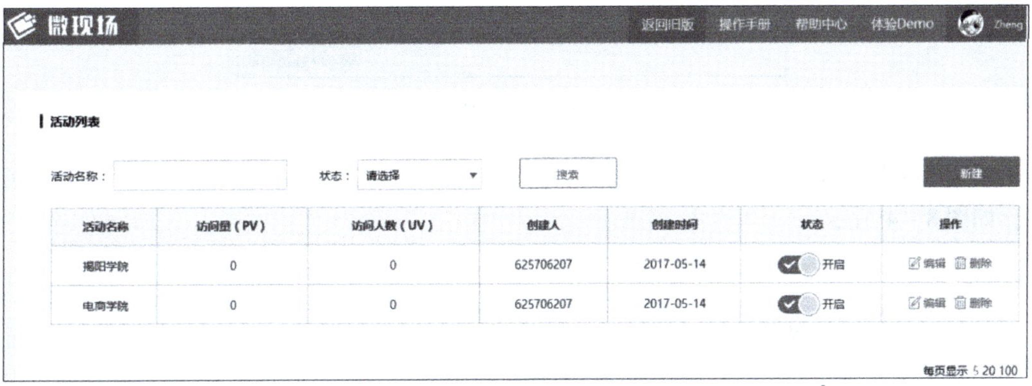

图8-2 管理后台

在管理后台页面上，顶部为导航栏，底部为活动列表。

8.2.1 导航栏

8.2.1.1 返回旧版

点击"返回旧版"，可体验微现场旧版后台。

8.2.1.2 操作手册

点击"操作手册"，可查看微现场2.0操作指南。

8.2.1.3 帮助中心

点击"帮助中心"，可进入腾讯风铃大讲堂，内有微现场主题的各种操作指南。

8.2.1.4 体验DEMO

点击"体验DEMO"可进入DEMO页面，在此页面，用户可直接体验签到、消息上墙、纯图模式、弹幕开关、抽奖、投票、摇一摇、全屏、设置等场景。

8.2.2 活动列表

在此页面，用户可根据活动名称以及状态搜索创建过的活动，同时也可以新建活动。

在活动列表中，显示了活动名称、访问量（PV）、访问人数（UV）、创建人、创建时间、状态等信息，同时可以进行状态开启/关闭、编辑以及删除等操作。

8.3 新建现场活动

点击活动列表右上角的"新建"，如图8-3所示，输入现场活动名称，点击"确定"

即可。

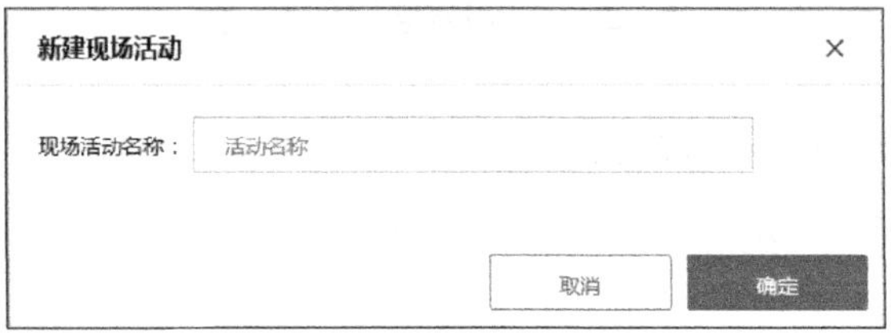

图 8-3　新建现场活动

新建的现场活动会显示在活动列表中,在活动列表上点击"编辑",进入活动设置页面,如图 8-4 所示。

图 8-4　活动设置页面

活动设置主要在左边菜单栏的各个功能模块中进行,其中有属性设置、邀请函、签到、微信上墙、抽奖、游戏、投票、返回活动列表等模块。

在活动设置页面,用户如要关闭某个模块功能,可将鼠标移到左边菜单栏上,当鼠标停留在菜单栏上的某个模块上时,后面会出现一个眼睛图标,如图 8-5 所示,点击该图标,则会关闭此活动功能,同时也不能对该活动功能进行后台配置,活动参与者也不能使用该活动功能。

图 8-5　关闭活动

8.3.1 属性设置

在属性设置上,可进行基础设置、高级设置、用户管理、绑定公众号等操作。

8.3.1.1 基础设置

1. 活动名称

即现场活动的名称,管理者可根据自己的需要进行修改。

2. 管理员

即后台管理现场活动的工作人员,默认为登录管理后台的 QQ 账号,可添加多个 QQ 号。

3. 大屏幕

即投影到大屏幕上的屏幕墙地址,管理员可复制链接或打开大屏幕,进行预览。

4. 手机端

管理员可复制链接或者二维码分享给参与者参与活动;用户可通过微信扫码,或者点击公众号菜单绑定此链接参与现场活动。

8.3.1.2 高级设置

1. 系统头像

活动参与者参与活动时,如果拉取不到微信头像,将使用系统头像,系统会自动显示"QQ 随机头像"或"自定义头像"。

2. 轮播消息

即大屏幕滚动播放的信息,点击" + 添加信息",即可添加信息,点击"查看详情",即可查看大屏幕轮播信息详情。

3. 大屏幕

管理者可在此进行主题模板、背景、品牌 LOGO 等操作。

4. 手机背景

管理员可点击上传图片或使用默认背景作为手机背景,建议上传尺寸为 640mm × 1008mm、大小为 500K 以内的图片。

8.3.1.3 用户管理

此页面可显示参加活动的参与者,管理者可对用户进行备注、添加到分组、移出分组、加入黑名单等操作;默认的分组有投票分组、上墙分组、签到分组。用户可通过手机端进行签到、消息上墙、投票墙、摇一摇等操作,管理者也可自己添加分组。

同时,管理者可用 Excel 导入用户。

8.3.1.4 绑定公众号

输入公众号名称并上传公众号二维码后,系统会把原来的活动参与链接二维码替换成公众号二维码。在此下方,微现场官方还提供了关联公众号的两个方法,如图 8 - 6 所示。

图 8-6 关联公众号

8.3.2 邀请函

8.3.2.1 邀请函管理

此页面显示了邀请函的名称、描述、封面、创建日期、发布日期、发布状态以及操作等信息,如图 8-7 所示。

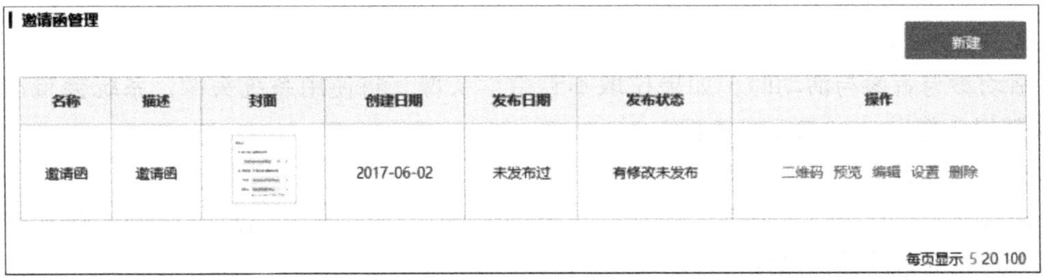

图 8-7 邀请函管理

点击邀请函管理右上角的"新建",输入名称以及描述信息,上传封面,然后点击"确定",就可新建一个邀请函,如图 8-8 所示。

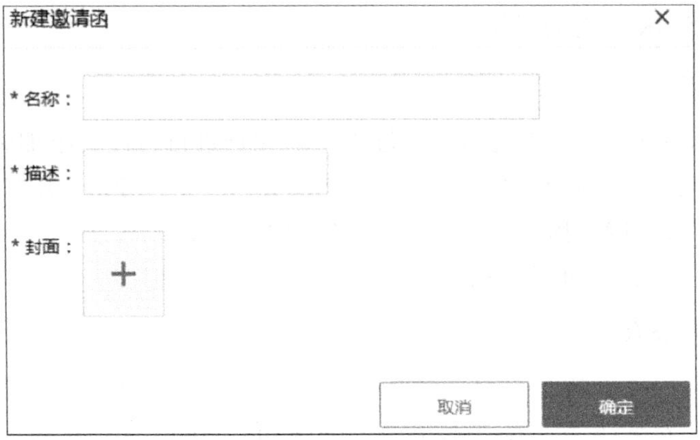

图 8-8 新建邀请函

新建的邀请函会在列表中显示,在操作菜单中可进行二维码、预览、编辑、设置、删除等操作。点击"编辑",可进入邀请函编辑页面,如图 8-9 所示。

图 8-9 邀请函编辑

在邀请函编辑页面的左边,点击"+"选择页面模板,再点击"确定",即可进行编辑,如图 8-10 所示。

图 8-10 编辑页面

在编辑页面的中间为邀请函预览页面,在编辑页面的右边可以进行背景、图片以及文字的操作,但只有图片能够在图片操作区移动,其他只能更改。

更改完成后,可在导航栏点击音乐图标添加音乐,所有更改完成后,点击"发布"进行发布,发布后的邀请函,管理者可扫描二维码或复制链接分享给活动参与者。

8.3.2.2 报名审核

活动参与者通过入股在邀请函中留下报名信息后,将会在报名审核列表中显示其相关信息,管理员可进行审核。

8.3.3 签到

8.3.3.1 签到设置

签到设置的签到样式有默认样式和字形签到样式两种，相对于默认样式，字形签到样式更具个性化，除可进行签到文字、实名显示、提交高级信息、签到链接的操作外，还可以进行签到文字密度、精度以及签到欢迎语的具体操作，如图 8-11 所示。同时，点击右上角的"签到大屏幕"还可以查看签到样式。

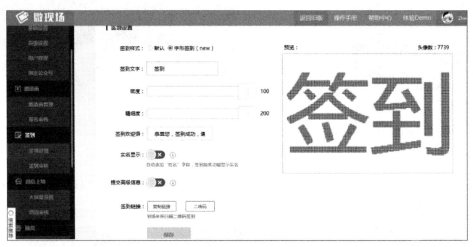

图 8-11 签到样式

8.3.3.2 签到审核

在签到审核列表中会显示签到成功的活动参与者的信息，有微信昵称、微信头像、签到时间等信息，管理者可以进行是否自动审核、拒绝或批量拒绝参与者以及导出签到名单等操作。

8.3.4 微信上墙

8.3.4.1 大屏幕设置

如图 8-12 所示，在大屏幕设置页面可设置大屏幕消息的滚动时间长短，循环播放状态以及是否开启匿名功能。

图 8-12 大屏幕设置

8.3.4.2 消息审核

在消息审核列表中会显示活动参与者的所有上墙信息，如图 8-13 所示，管理者可以查看未审核、已通过、已拒绝的消息，其中包括星标、内容、发布者、时间以及操作等信息，管理者可以进行是否自动审核、通过/拒绝或批量通过/批量拒绝参与者消息等操作。

图 8-13 消息审核

8.3.5 抽奖

8.3.5.1 奖品设置

点击"新建"，可新建奖品，如图 8-14 所示，输入奖品名称、抽奖分组以及奖品图片，新建的奖品会显示在列表中，管理者可以进行编辑或删除等操作。

图 8-14 新建奖品

8.3.5.2 中奖名单

在中奖名单上会显示中奖人、奖品名称、奖品图片、状态、操作等信息，管理者可以导出中奖名单，同时可以通过点击"删除结果"删除此人，但此人还可以再进行抽奖。如图 8-15 所示。

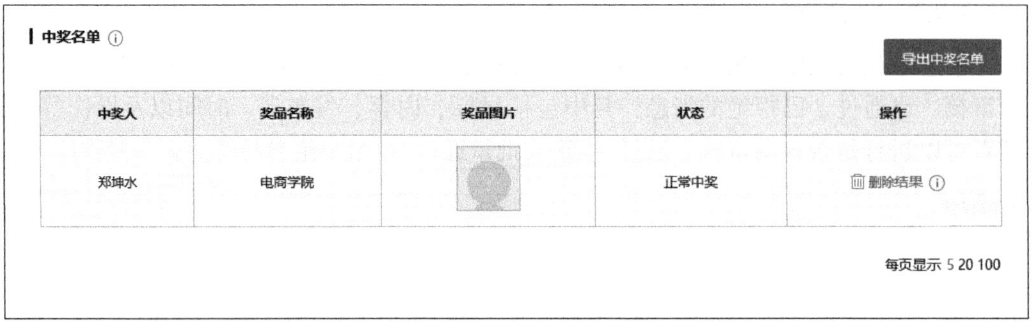

图 8-15 中奖名单

8.3.6 游戏——摇一摇夺奖

管理者可以通过点击"摇一摇夺奖"大屏幕，进入摇一摇夺奖页面，如图 8-16 所示，管理者可以设置摇一摇的次数，点击"倒计时开始"，开始夺奖。

管理者可以点击"复制互动游戏链接"或"互动游戏二维码"，把游戏分享给活动参与者，中奖的用户会显示在中奖列表中，管理者可以查看每一轮中奖者的排名，同时可以删除选中的中奖者并导出中奖者名单。

图 8-16 摇一摇夺奖

8.3.7 投票

点击"新建投票"，新建一个投票活动，如图 8-17 所示，输入投票名称、投票类型、投票选项，点击"保存"即可。

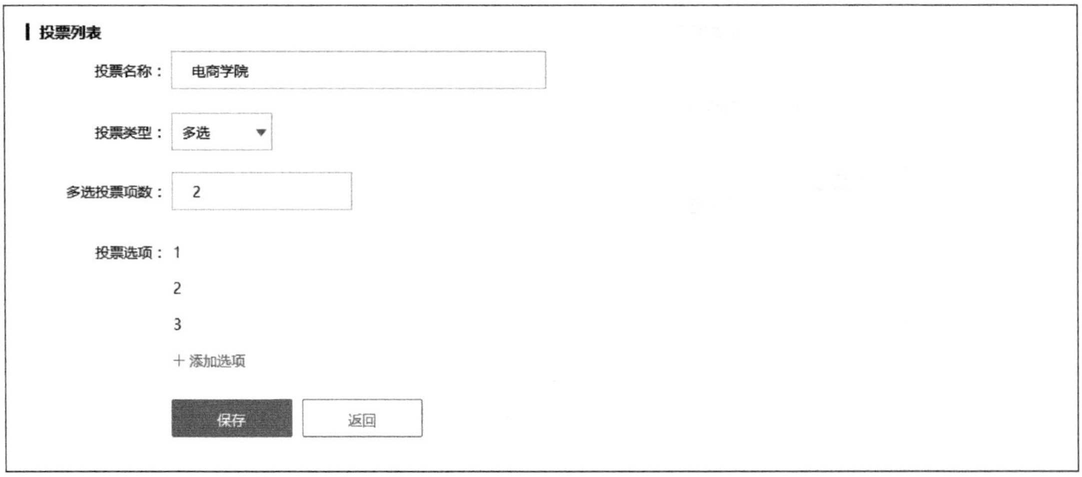

图 8-17 投票

新建的投票活动会显示在投票列表中，显示的信息有标题、创建时间、状态以及操作等，管理者可编辑或者删除此活动。如图 8-18 所示。

第 8 章 微现场

图 8-18 投票列表

8.4 手机端

手机端常见页面如图 8-19 所示。

图 8-19 手机端

参 考 文 献

［1］张向南，勾俊伟．新媒体运营实战技能［M］．北京：人民邮电出版社，2016.
［2］秦阳，秋叶．微信营销与运营［M］．北京：人民邮电出版社，2016.
［3］秦阳，秋叶．社群营销与运营［M］．北京：人民邮电出版社，2017.
［4］勾俊伟，哈默，谢雄．新媒体数据分析：概念、工具、方法［M］．北京：人民邮电出版社，2017.
［5］孙健．微信营销与运营［M］．北京：电子工业出版社，2015.
［6］斯瓦西里，关硕．微信运营手册［M］．北京：电子工业出版社，2015.